30代で人生を逆転させる1日30分勉強法

石川和男

How to Change Your Life in 30 minutes: A Guide for 30-Somethings

阪急コミュニケーションズ

はじめに

いきなりですが、質問です。

どうしたら人生を逆転できると思いますか？

人生を逆転させるには、一般的に次のような方法が考えられます。

①たまたま経営者の跡取りで親から事業を引き継ぐ
②たまたま大地主の子供だったことが分かる
③たまたま宝くじを当てる
④何か持ってて、玉の輿に乗る
⑤何か持ってて、教祖になる
⑥何か持ってて、芸能界デビューする
⑦投資で勝ち続ける

⑧社内で一目置かれるスペシャリストになる
⑨好きな会社に転職する
⑩起業する（セカンドビジネスを含む）

①～③の人は、たまたま境遇が良かっただけです。経営者の跡取りや大地主の子供には自分が努力してもなれません。宝くじの高額当選は、1000万分の1の確率とも言われています。年賀ハガキで切手シートを当てるのも大変なのに、宝くじを当てるなんて星をつかむほど低い確率です。

まあ①～③に該当する人は、この本を手に取っていませんよね。それこそ「たまたま」手に取るかもしれませんが……。

④～⑥は、日本ハムの斎藤佑樹選手のように何か持ってないとなれません。アイドル性やカリスマ性、オーラなどが必要です。

そして⑦は、妻子持ちや30代にはリスクがありすぎる。

そう、今この本を手に取って頂いているあなたが人生を逆転させる方法は、⑧、⑨、⑩だけなのです。

専門性を高めて社内で一目置かれるスペシャリストになるか。

好きな会社に転職できるだけの力を身につけるか。

起業して名刺に「代表取締役」の肩書きを載せるか。

どの方法を選んでも、**共通のキーワードは「勉強すること」**。

そうです。あなたには**もう勉強しか残されていない**のです。


ただし勘違いしてほしくないのは、ここで言う勉強についてです。

勉強と言っても、大人の勉強は受験勉強とは違います。

とりあえず進学しようとか、みんなが受験するから自分もというのが受験勉強です。

大人の勉強は、必要としていることを自ら勉強することです。

私がこの本で紹介するのは、そんな大人のための勉強法。あなたのような激務のサラリーマンが、無理なく勉強を続けられる方法です。

早起きする必要はありませんし、テレビを観ても構いません。

あなたは、自分に合った方法で無理なく楽しく勉強する。漠然と抱えていた将来への不安を解消し、毎日継続して勉強することによって知の楽しみを知る。そして、最終的には人生を逆転する。

そのお手伝いをするのが、この本だと思って下さい。

無職からの人生逆転

自己紹介が遅れました。石川和男と言います。

税理士、専門学校講師、建設会社総務経理担当部長と、３つの仕事を掛け持ちしています。

税理士業務ではインド人のカレー屋さん、ネトゲ廃人のプログラマーさん、映画の看板屋さんなど普通の会社にいては知り合えない方々と仕事をさせて頂いています。

専門学校は大手の大原簿記学校に勤めており、講師として簿記講座を担当しています。ワカナがハマチそしてブリに成長していくように、受講生が受験生そして合格者へと成長していく姿をリアルタイムで見られるのは望外の喜びです。

合格して、会社での専門性を高める人、転職の準備をする人、または税理士や公認会計士への足がかりにする人。さまざまですが、皆さんの成長のお手伝いができることには、お金で買えない価値があります（お金はもらっていますが……）。

最後に建設会社ですが、新卒で入社した最初の会社は最悪な環境だったものの、現在勤める会社では総務経理の実質的なトップとして取り仕切っています。工事部が造る橋や道路を事務面から支える仕事は、わが子を育てる母親のようです。

40代になって、毎日が分刻みの生活を送っていますが、だらだら生活するよりも時間感覚が研ぎ澄まされ、何をするにも充実した時間を過ごしています。休日には子供と公園でサッカー、家では「爆丸」やトランプをして遊んでいます。

このような話をすると「生まれつきデキる人」などと思われることが多いのですが、相当バカな人生を歩んできました。

20代は怠惰な生活を続け、飲み放題、遊び放題。30代前半では2年間無職で、妻の扶養に入っていました。借金や子供の出産一時金で食いつないだ時期もあります。

そんな私が、今では三足のわらじを履いて充実した人生を送っている。

この「人生逆転」を可能にしたのは、まさに勉強でした。それも、私がした勉強は、1日たったの30分です。

そう言うと、「前から勉強できたのに、やらなかっただけでしょ」と疑いの目を向ける方がいます。

だから、そんな疑いの気持ちも吹き飛んでしまうような話から始めます。これを読めば、「なんだこの人、計り知れないぐらいのバカだったんだ」と安心（？）して頂けます。くれぐれも注意しておきますが、バカすぎだと言ってそのまま書店の棚には戻さないでください。

20代から30代前半にかけて、私はこんなふうに思っていました。

「将来に不安はあるけれど、日々の生活に追われている。何かをやらなければならないのは分かっているけれど、何をやればいいか分からない。分かっていたとしても、生活をこなしていくのに精一杯で、時間だけが川の流れのように過ぎていく」

この本では、今、同じように不安を抱えているあなたに、「人生を逆転させる1日30分勉強法」をお伝えしていきます。

こんなバカでもできました

まず、私が通った高校は偏差値30の全員合格高校でした。大学は名前さえ書けば受かる夜間の学部です（どちらも当時です）。

しかも、その大学は4年でいいところ、もう1年オマケして特別になんと5年！5年間通わせてもらいました。つまり留年です。

高校は2年に進級するときにクラス替えがあります。「まあ、ある学校にはあるよね」と思われるかもしれませんが、クラス替えの理由は、退学者が多すぎて1クラス分の生徒がいなくなるから。学級崩壊のハシリです。かれこれ30年前、流行の先端を走りすぎていました。

高校時代の私は、歯医者で「服は上半身だけ裸になればいいですか?」と、礼儀正しく歯科衛生士さんに聞きました。

「いえ、眼鏡だけ取ってください」

変態を見るような冷たい目で答えられました。言い訳じゃないですが、「治療中ツバとか飛んで学ランについたら困るしぃ〜〜〜(サバンナの高橋風)」と本気で思っていたのです。

大学に入っても相変わらずです。

英語の講義では、「マイネーム　イズ　ミドリ　ニシヤマ」を「ニシヤマさんは緑のネームプレートを付けている人です」と訳すクラスメートがいました。シドニー・シェルダンの超訳よりすごい訳です。

ここまで英語ができない大学生がいるんだと感心しましたが、私自身も「ＺＯＯ《ズー》」を「ゾウ」と読み間違えていました。「動物園なのにゾウって読むんだぞう!　なぜなら象は動物の中でいちばん大きいし人気があるから、動物園のシンボルになっているんだぞう」と、恥ずかしい英語力を幼い甥っ子に披露していました。

ほかにも「ライオンのメスってトラだよね～」と独自の遺伝子プログラムを論じてみたり、「現金書留《ゲンキンカキトメ》」を「ゲンキンショリュウ」と言った友人に「バカだな～。ゲンキンショルイって読むんだよ！」などと教えてあげたりしていました。

そんな大学生活も1年留年したのち無事（？）卒業し、バブルの波に乗って建設会社に経理職として入社することができました。

三重苦の社会人デビュー

就職難の時代を生きてきたあなたには本当に申し訳ないのですが、バブルの波が私を社会人へと導いてくれました。

当時は、誰でも入社でき、面接に行ったらその場で内定。就職前に飲み会三昧。まだ入社していないのに記念行事に参加。「俺はこの会社に必要な人材なのだ」と勘違いして入社しました。

しかし、入社前と入社後の待遇は大違い。

考えてみれば、会社の人事は内定者が辞退しないよう引き止めておくのが仕事。配属になった部署の先輩は一人前に育てるのが仕事。入社して経理に配属になった私は、簿記の知識ゼロだったため叱られる日々を過ごしました。

この建設会社は財閥系の子会社で、社長ほか取締役は親会社からの出向でした。残りの役員も県や市や警察ＯＢの天下りです。

加えて古い時代の建設会社だったため、目に見えない序列があり、いや正直、目に見えて序列がありました。現場が1番、2番が営業、3番目にはお局だらけの女性事務。そして最下層に男性事務がいました。

「誰のおかげで飯が食えてると思ってるんだよ！」

「事務屋はいいよな〜。クーラーのあるところで仕事ができて」

「現場は朝から晩まで働いてるんだから、お前も朝から晩まで会社にいろよ」

さまざまな心ない罵声を浴び続けました。

若かった私は青筋立てて反論します。

「明らかにお前には食わせてもらってないよ！　そもそも、お前はそんなに利益出してないだろ！」

「お前が就職活動で自ら現場の仕事を選んだんだろ！」

「俺が会社にいたって、お前が朝から晩まで現場にいるのは変わらないだろ。というか効率的に仕事して早く帰れよ！」

……若かった私は、すべて心の中で叫びました。

部署では怒鳴られ、社内ではプライドを傷つけられ、出世の道も閉ざされている三重苦の会社で毎日を過ごしました。

だからといって、特に何か行動していたわけではありません。漠然とした不安を抱えながらも誘惑に負け、毎晩のように飲み歩き、休日は遊びまくりの20代を過ごしました。

私は辞表をスーツの内ポケットにしのばせながら会社に行っていましたが、出す勇気も辞めた後に行く当てもなく、ストレス一杯の毎日を過ごしていたのです。

よし、税理士になろう！

遊びまわっていたのは、不安な気持ちを忘れるためでもありました。飲んで騒いでいる間は現実を忘れられる。思いっきり遊んでいるときは仕事を忘れられる。

でも、日曜日の『サザエさん』のエンディングテーマを聞くと、あぁ、また月曜日がやってくると憂鬱な気分になっていました。

遊びまわることは、痛み止めの注射を打っているだけで根本的な治療ではないのです。そして飲み会という注射は、打てば打つほど効き目がなくなってくるのでした。

月曜日、会社に着くとまずやることがあります。

メモ用紙に「28800」と書くことです。

この数字が何か分かりますか？　この数字は9時から5時までの8時間を秒数で表したものです。つまり8時間×60分×60秒＝28800秒なのです。

本当に仕事がイヤだった私は毎日、メモ用紙に28800と書くことから一日をスタートさせました。

30分経過したら1800減らし、1時間経過したら3600減らしました。2時間も時計を見るのを忘れていたら7200。昼休み明けだと3600減るわけですから自然とテンションが上がります。ものすごい達成感です。

「これが学生時代にはない仕事の達成感なんだ～。わ～～～い」

なんだか人とは違う喜びを仕事に見いだしていました。


そんな生活を続けて5年。

もう30歳に手が届くというときに転機が訪れました。

初めて顧問税理士に会ったときです。

顧問税理士に対して、経理部長はもちろん工事の取締役までも「先生」「先生」と挨拶するのです。みんな尊敬の眼差しです。経理部長に意見の言える税理士。社長と対等に話せる税理士。

事務職と税理士は、広い意味で言えばやっている仕事は一緒です。当時の認識では、そう思っていました。書類作り。机に向かってする仕事。電卓を叩く仕事。

事務職は前述のように罵声を浴びているのに、税理士は「誰のおかげで飯が食えてると思ってるんだよ！」とも言われず、クーラーのある場所で仕事をしても、平日に休んでも、お金をもらっている会社から文句を言われることはありません。

この違いは何だ！

顧問税理士が運転するベンツを、深々と頭を下げて見送りながら、脳内ではアドレナリンが分泌し火花が散っていました。

「よし、税理士になろう！」

それからです。

２８８００と書いたメモ用紙を横目に空想の世界が広がっていったのは――。

100坪ある実家に帰って税理士として開業しよう。

1階は事務所。2階が住居。

お世話になった両親には顧問として給与を渡そう。

庭は更地にして駐車場を6台分造ろう。

ベンツにジャガー、奥さんにはBMW。残った駐車場は来客用。

運転手をつけよう。白い手袋は経費で買ってあげよう。

地下にはビリヤード台が置いてあるカウンターバー。

ジャズも流したいな。

カウンターには、バレンタイン、グレンリベット、ワイルドターキー、フォアローゼズ。

休日には友人やお客様を招いてのホームパーティー。


車もなく、独身で、ジャズも聴いたことがないビール党の私でしたが、頭の中では毎日毎日具体的な空想が広がっていきました。家に帰るとB5サイズの水色のコクヨのノートが机の上で待っています。夢や希望を書き続けたそのノートは、1年もしないうちに、新しく広がっていく未来の夢予想でいっぱいになりました。

私にとって人生を逆転させるとは、まずは税理士になることでした。

税理士になって、誰からも文句を言われず仕事をすること。金持ちになること。高級外車に乗ること。女の子にモテること。充実した人生を送ること。

きっかけはどうでもいい。不純でもいい。

目標を見つけたことが大きいのです。

不純な動機でも、まずは人生を逆転させる。

逆転させて、あなたの人生に余裕ができてから人間的な成長を考えればいいのです。

道徳や倫理や崇高なことは、成功してから考えればいいのです。

まずは、あなたが人生を逆転しなければ何も始まりません。

たとえば東日本大震災でも、自分に経済的余裕がなかったら、気持ちはあってもより多くの寄付ができませんよね。

話を戻します。人生逆転の定義。それは目標を見つけること。そして1日30分でいいので、勉強を続けること。

人生逆転の定義　⬇　強い願望設定×1日30分の勉強

人生のどん底にいた私が、ストレスフリーで生きる道を見つけました。偏差値30で全員合格の高校に入学してから25年で、税理士を含む3つの仕事を掛け持ちするまでになりました。

私にもできました。

あなたにできないわけがありません。

強い願望を設定したら、その願望を達成するために毎日勉強を続けていく。そうすることによってあなたの人生が逆転することを私が保証します。

では、ここからはいよいよ**「人生を逆転させる1日30分勉強法」**を具体的に紹介していきます。

この本を読んであなたの人生が変わる。私に喜びの連絡をくれる。

私も嬉しくなってハガキに返事を書く。真っ赤なポストに投函する。

近い将来そうなることを想像するだけでワクワクしてきました。

さぁ、人生逆転の始まりです！

Contents

How to Change Your Life in 30 minutes: A Guide for 30-somethings

30代で人生を逆転させる
1日30分勉強法

Chapter 1

1日30分の勉強で人生を逆転させる！

Chapter 2

人生逆転の目標を見つけよう

Chapter 3

誰でもできる1日30分の作り方

Chapter 4

三日坊主と挫折はこうして防ぐ！

Chapter 5

勉強のやり方を間違えていませんか？

Chapter 6

30分を2倍にも3倍にもする勉強の神7〈セブン〉

Chapter 7

実例 私はこうして人生を逆転させた

カバーデザイン
AD 渡邊民人 ／ D 新沼寛子（TYPEFACE）
本文デザインw
荒井雅美（TYPEFACE）
DTP
明昌堂
校閲
鷗来堂
企画協力
松尾昭仁（ネクストサービス株式会社） 天田幸宏（コンセプトワークス株式会社）
協力
NPO法人企画のたまご屋さん

Chapter 1

How to Change Your Life in 30 minutes: A Guide for 30-somethings

1日30分の勉強で人生を逆転させる!

人生逆転の方法は3つ スペシャリストか転職か起業だけ

人生逆転って何？

ここで言う人生逆転とは、「マイナスの現状から脱出し、成功者になること」です。

では、「マイナスの現状」とは何でしょう？

たとえば、次のようなことです。

ケース1 パワハラをする不快な上司がいる。その上司から、怒鳴られ、叱られ、罵声を浴びせられている。車を洗ってきてくれ。シベリアン・ハスキーの散歩をしてきてくれ。車のボンネットに携帯電話を置いて発進してしまい、携帯を落とした。道順を言うから車で走ったとおりに歩いて探してきてくれ（約4キロ）……などと、理不尽な要求をされる。

ケース2 就職難を勝ち抜いた優秀な新入社員がいる。追いつかれるかもしれない。いや、追い抜かれるかもしれない。そういえば最近タメ口をきかれている。仕事を指示しても「はぁ」みたいな顔をされる。もっと効率的なやり方がありますよと意見される。このままでは、自分が部下になるかもしれない。


どうですか?

あなたにも似たような「マイナスの現状」がありますか?

実はこの2つとも、本当にあった怖い話なのです。もちろん主演は私です。4キロの道のりを、老婆のように腰を90度に曲げて携帯電話を探しまくっているときは本当に涙が出ました。

このほかにも私は、「はじめに」で書いたように、現場や営業から嫌味を言われていました。会社でイマイチ影が薄く、自分は次のリストラ候補かもしれないという不安も抱えていました。不景気で会社がいつ潰れるか分からない、そうなると車のローンが払えない、家のローンが払えない、妻子ともども路頭に迷うかもしれない、とも思っていました。

この本を手に取って頂いているあなたにも、漠然とした不安があるはずです。それと同時に現状を変えたいという気持ちもありますよね。

それでは「マイナスの現状から脱出し、成功者になること」の「成功者」とは何でしょう?

成功者とは、「経済的な自由」と「精神的な自由」を手に入れた人のことです。

具体的に言うと、経済的な自由とはお金に対してストレスを抱えない生活を送ること。精神的な自由とは、穏やかな気持ちで精神を安定させた日々を送ること。この2つを手に入れることが成功者になることなのです。

つまり「マイナスの現状から脱出し、成功者になること」とは、イヤな現状や不安な気持ちから解放され、人生を逆転させること。人生を逆転させて経済的、精神的なストレスを抱えないで生活をすることなのです。

では、その状況を手に入れるには、一体どうすればいいのか？

その方法は「はじめに」でも述べました。

現実的なのは、「社内で一目置かれるスペシャリストになる」「好きな会社に転職する」「起業する（セカンドビジネスを含む）」の3つだけです。

社内で一目置かれるスペシャリストになるためには、勉強して自分の専門性を高めなければなりません。

好きな会社に転職するためには、あなたのことを相手先が必要と思ってくれるだけの力が必要です。もしくは、ほかの人とは違う何かを身につけること。そのためには勉強しなければなりません。

起業する場合も、あなたがやりたいビジネスに関する知識や、それを取り巻く法律、顧客心理、税理士と最低限の打ち合わせができるだけの税金や会計の知識などが必要です。そのためには当然、勉強しなければなりません。


人生を逆転させる共通のキーワード。

それは、勉強すること。

勉強することが、人生を逆転させる唯一のチケットなのです！


そうなのです。あなたが、マイナスの現状から脱出し成功者になるためには、もう勉強しか残されていないのです。

「え～、この歳になってまた勉強しなきゃならないの～？」

あなたはそう言うかもしれません。

しかし「勉強する」と言っても大人の勉強は、子供の勉強とは違います。

では、大人の勉強とは何でしょう？

子供の勉強とは違う大人の勉強って何？

あなたが今までやってきた、いや、イヤイヤやらされていた勉強は、子供の勉強です。とりあえず高校や大学に行くための勉強。親が言うから、みんながやっているからやる勉強。主体性がまったくありませんでした。

子供のころ、たくさんの種類の勉強をしました。物理、化学、日本史に世界史。だからと言って、あなたは今、科学者でも歴史学者でもありません。

「スイヘイリーベー僕の船」も「イイクニつくろう鎌倉幕府」も、高校を卒業してから使ったことがないはずです。残りの人生でも使うことはないでしょう。

死の床で「スイ……ヘイ……リーベー……ぼ・く・の・ふ・ね」とは言わないだろうし、「ヒ・ト・ヨ・ヒ・ト・ヨ・ニ…………ヒトミゴロ」と言ってコロっと息を引き取ることもないでしょう。せいぜい子供に「パパもスイヘイリーベー僕の船、覚えているよ」と自慢するか、キャバクラに行ったときに「イイクニつくろうキャバクラ幕府」とキャバ嬢に言うぐらいです。

だからと言って、子供時代の勉強を否定しているワケではありません。

もしも義務教育に物理も化学も歴史もなかったら――。考えてみて下さい。物理学者も科学者も考古学者も生まれてきません。LED電球も光ファイバーも山中伸弥教授のiPS細胞の作製もなかったかもしれません。

たまたま自分には興味がなかっただけで、興味を持って一生の仕事にする人もいるのです。

結論を言います。

子供時代の勉強は、大人になって、どんな世界で生きていくのかを選ぶための勉強。そのために広く浅くいろいろな科目に触れていきます。自分がどんな仕事に向いているかを知るとともに、どんな仕事と人生を歩むのかを考える期間なのです。

アインシュタインが何度も失敗してたどり着いた成功のように、いろいろなものに触れ、試した結果、今のあなたがいるのです。

では、大人の勉強とは何でしょう?

大人の勉強とは、もうすでに何をやるかが分かっている。そのやるべきことに向かって行なう勉強です。

たとえば、弱い立場の人を助けたい。そのために弁護士になりたい。だから司法試験の勉強をしたい。

みんなを元気にさせたい。そのために元気を伝えるセミナー講師になりたい。だからコーチングの勉強をしたい。

社会保険労務士業界の中で一歩抜け出したい。そのために年間300冊は本を読んで教養を身につけたい。だから速読の勉強をしたい。

受動的な勉強から、能動的な勉強へ。

それが子供の勉強と大人の勉強の違いなのです。

言い換えると、子供の勉強はスタートを決める勉強で、大人の勉強はゴールに向かって突っ走る勉強。同じ勉強でもまったく意義が違います。

遊びに行きたいのに我慢してやった受験勉強と、弁護士になって弱い立場の人を助けたいと一心不乱に行なっている勉強とでは、ワケもケタも違うのです。

＞＞＞まだ、少なくとも坂本龍馬の生涯分は残っていますよ

あなたは子供のころ、習い事をやっていましたか？

思い出してみて下さい。そろばんや水泳などのメジャーなもの。空手や柔道などの格闘技。

ピアノやバイオリンなどの音楽。

続けていたら、今どうなっていたと思いますか？

そろばんなら子供の算数を見てあげて、父親として一目置かれる存在に。格闘技ならオヤジ狩りに遭う心配もない。音楽をやっていたら東京スカパラダイスオーケストラの一員として全国を回っていたかもしれません。

では、なぜやめてしまったのでしょう？

そろばんから英語へ習い事を変えた。剣道やピアノから、中学ではバスケ部に変えた。それぞれ理由がありますよね。

では、あなたは、やっていた習い事をやめて後悔していますか？

まったくとまでは言わないまでも、そんなには後悔していないはずです。なぜなら一度その習い事を体験してからやめているからです。

英語がやりたかったからそろばんをやめたんだ。なぜなら、あのときはマイケル・ジャクソンのように踊り、マイケル・ダグラスのように女にモテて、マイケル富岡のように英語を喋りたかったからなんだ。

バスケがやりたかったから剣道をやめたんだ。あのときは森田健作より『スラムダンク』の桜木花道に憧れていたんだ。

そろばんも剣道も、試してからやめているので納得ずみなのです。

では、やりたかったのに試していないことは、どうでしょう?

たとえば、野球やゴルフ、トランペット。あなたは子供のころ、本当はやりたくて仕方がなかったとします。ただ、家庭の事情があったりタイミングが悪かったりで、やらずに諦めてしまった。

体験していない分、もしかしたらメジャーリーグの安打製造機、ゴルフ界のハンカチ王子、ジャズ界の北島三郎と呼ばれていたかもしれない。試していないので、その可能性は無限。夢が広がります。計り知れません。

このように、**やりたかったのに試していないことは後悔してしまう**のです。

大人になった今も同じです。

人生を逆転させるのに勉強しようと考えてはいる。ただ、来週からやろう、来年からやろう、暇になったらやろう。毎日時間だけが過ぎていく。20代、30代、40代。いくつになっても何もやらないから後悔だけが付きまとう。

就職したときは、学生時代にやっておけばよかった、あのときは腐るほど時間があったのに、と後悔する。

25歳で主任になったときは、新人時代にやっておけばよかった、あのときは指示されたことだけやっていればよかったから時間があったのに、と後悔する。

30歳で結婚したときは、独身時代にやっておけばよかった、あのときは自由になる時間があったのに、と後悔する。

35歳で子供が生まれたときは、新婚時代にやっておけばよかった、あのときは子育ても家事の分担もなかったのに、と後悔する。

40歳、もう歳だからと諦める。

「ああ、あのとき始めておけばよかった！」

あのとき始めておけば、新入社員に抜かれることはなかった。リストラされることもなかった。英語を始めていれば外資系の会社に行けたかもしれない。会社が倒産した今、もっとマシな会社に勤められたかもしれない……。

やっていないことに対しては後悔します。

では、どうしますか？

やりましょう！

今、始めましょう！

振り返っても失った過去は戻りません。気づいた今、やるのです。

「俺はもう30歳だから無理」

ネガティブに考えれば、確かに今までの人生でいちばん歳を取っています。しかしポジティブに考えれば、今が残りの人生でいちばん若い日です。

あなたが仮に30歳なら、平均寿命の80歳から差し引いて残り50年。

仮に40歳でも、折り返し地点。40年も残っています。

まだまだ時間はあるのです。

高杉晋作は27歳でその生涯を終えました。土方歳三は34歳、坂本龍馬は31歳でした。

彼らはみんな、あなたのこれからの残りの人生よりも少ない時間を生きて偉業を成し遂げました。あなたにも、まだまだ時間はあるのです。

試すも試さないもあなたの自由ですが、後悔しない人生を送るためには1日30分の勉強でいいのです。勉強で人生が逆転できるかどうか、試してみて下さい。

勉強は、次のステージへ行く唯一のチケット

勉強しなければ人生は逆転できない。大人の勉強と言っても、しょせん勉強には変わりない。あなたはそう思ったかもしれません。ただ、考えてみて下さい。

見方を変えると、**勉強さえすれば人生は逆転できる**のです。

あなたは、漠然と人生を逆転したいと考えていました。どうすれば人生を逆転できるのか。このまま不安な気持ちで何かに怯えて過ごしていく。『サザエさん』のエンディングテーマを聴くたびにイヤな気分になっていく。

勉強することで、そんな思いから脱出できるのです。

しかも、1日たったの30分。

ただ、「1日たったの30分」と言っても、仕事が忙しいあなたにとっては、かなり長い時間に感じるかもしれません。

では、1日に占める30分の割合って何％だと思いますか？

30分は、わずか2％でしかありません。

１００円の肉まんを買っても１０５円。５％の消費税が課税されます。その半分にも満たない２％です。

それだけの時間を勉強すれば人生は逆転できるのです。肉まんでたとえると、友達から「ひと口ちょうだい」ともらった肉まんが、残念ながら肉にまで到達しないぐらいの割合です。

世界には、いろいろな国があります。

独裁国家、賄賂社会、貧富の差が激しい開発途上国……。

10年以上前、１通のメールから日本中に広がった話「もしも世界が１００人の村ならば」（中野裕弓原訳）を覚えていますか。

全世界の人口を１００人の村に縮小したら、どうなるか。１００人という縮小された全体図から世界を見るたとえが分かりやすく、その後、書籍にもなりました。抜粋して紹介させて頂きます。

もしも世界が１００人の村ならば

もし　現在の人類統計比率をきちんと盛り込んで、
全世界を人口１００人の村に縮小するとしたらどうなるでしょう。

その村には……
57人のアジア人
21人のヨーロッパ人
14人の南北アメリカ人
8人のアフリカ人がいます。

52人が女性で
48人が男性です。
（中略）
80人は標準以下の居住環境に住み
70人は文字が読めません
50人は栄養失調で苦しみ
ひとりが瀕死の状態にあり、ひとりは今、生まれようとしています

ひとり（そう、たったひとり）は大学の教育を受け
そして　ひとりだけがコンピューターを所有しています

70人が字を読めない、50人が栄養失調などと、衝撃的な事実が並びます。このたとえ話から分かる現実。それは裏返せば、あなたの置かれた環境の良さでもあると言えるのです。

世界経済を救えるほどの資質がある子供でも、ストリートチルドレンとして一生を終えるかもしれません。日本に生まれていれば東大に入ったかもしれない。しかも首席だったかもしれない。そんな人がチャンスさえ与えられずに、字も読めずに生涯を終えるのです。

日本に生まれた。大富豪の子でもない。地主の子でもない。社長の子でもない。だから人生が終わってしまうのか？　そんなことはありません。

どれだけ貧しくても、日本では子供が路頭に迷うことはありません。そのことにまず感謝しなければいけません。さらに、勉強できる環境があります。勉強さえできれば、それによって人生を逆転できます。

日本には、少なくともそのチャンスがあるのです。

そして、この本を今、手に取っているあなた！　人生を逆転できる環境に生まれているからこそ、この本を読めているのです。できる環境にいるのに、しないのはもったいない。しかも1日のたった2％です。

1日30分の勉強を、やって下さい！

1日30分の勉強は、あなたの人生を逆転させるラストチャンスです。
1日30分の勉強をして何のリスクがありますか？
1日30分の勉強をしたからと言って、後悔することも失う財産もありません。

周りを見て！勉強している人っている？

あなたの周りに、勉強している人はいますか。
もしいるなら、あなたはラッキーです。後述しますが、勉強には良い仲間がいることが非常に重要な要素だからです。

しかし、もう一度、周りの人を見て下さい。「勉強している人」っている？
なかなかいませんよね。

それを裏付けるデータもあります。

総務省統計局が実施した「社会生活基本調査」では、30～49歳の1日平均の学習や研究をする時間は7～8分でした（2006年実施）。

たった7～8分ですよ。しかもアンケートを拒否する人や無回答の人は、まったくやっていないから答えられなかった可能性が高い。その数を入れると、もっと平均時間は下がると予想されます。石川統計局の調べだと、ざっと5～6分。

そんな状況の中で、あなたが30分だけでも勉強したらどうなるでしょうか。

総務省統計局が出した7～8分でも3倍以上。私（石川統計局）の推測である5～6分なら、5～6倍の差をつけられるのです。しかも1日でですよ。10日たつと勉強時間5分の普通の人は50分。30分のあなたは300分で、その差は250分。1年続けたら9125分も勉強時間に差がつきます！

あなたの会社には、自分より能力が高いなと思っている同僚がいるかもしれません。でも、その優秀な営業マンである普通田《フツウダ》普通男《フツオ》さんだって、実務経験が豊富であなたより仕事がデキるだけなのです。

普通田さんが自宅で勉強しているとは思えません。あなたが1日30分勉強するだけで簡単に追いつき追い抜くことができるのです。

でも、あなたはこう反論します。

激務のサラリーマンは勉強する時間などないから、この調査結果なのだ。

そして自分もその一人だと。

会社では中間管理職。朝から晩まで働きづめ。ノー残業デーの水曜日は仕事を持ち帰るからノー残業手当デー。木曜日には単身赴任の部長と土間土間。

自宅には手のかかる子供が2人。たまの休日には、「ベイやろう。ハイパーヨーヨーやろう。オセロやろう。小さなレゴとレゴが離れないから取って。プリキュア一緒に観よう」と待っている。しまいには、自分の人生ですら不安定なのに、人生ゲームをやらされる。

だから自分も、この調査結果と同じように7〜8分しか勉強時間を取れない——。

安心して下さい。

時間の作り方は第3章で詳しく説明します。どんなに仕事が忙しいあなたでも、1日30分は必ず作り出せる方法を伝授します。

平日は建設会社で総務経理を担当、土日は専門学校講師、夜は税理士をしている私が、1日30分を作り出してこの原稿を書いているのです。これが証拠です。

ここでは、30〜49歳のサラリーマンの1日平均勉強時間が5〜8分しかないのだということ。そしてあなたがそれ以上勉強すれば、**少なくとも時間量では平均を上回れる**のだということを覚えておいて下さい。

さぁ、1日5〜8分しか勉強しない同僚をブッチギリましょう!

1日30分作れば、1年で1カ月もの勉強時間になる!

タバコをやめる人の理由はさまざまです。

健康に悪い。お金がかかる。吸う場所が少ない。肩身が狭い。周りから煙たがられる。出世にひびく。部屋が汚れる。スーツの胸ポケットが携帯とタバコで膨らんで見た目が悪い……。

しかし、私はまったく違う理由でした。

私がタバコをやめたのは、時間がもったいなかったからです。そう、今や世界のアイコトバとなった「MOTTAINAI」。環境分野で初のノーベル平和賞を受賞したケニア人女性、故ワンガリ・マータイさんの提唱したMOTTAINAIです。

毎週日曜日、私は大原簿記学校で講義をしています。

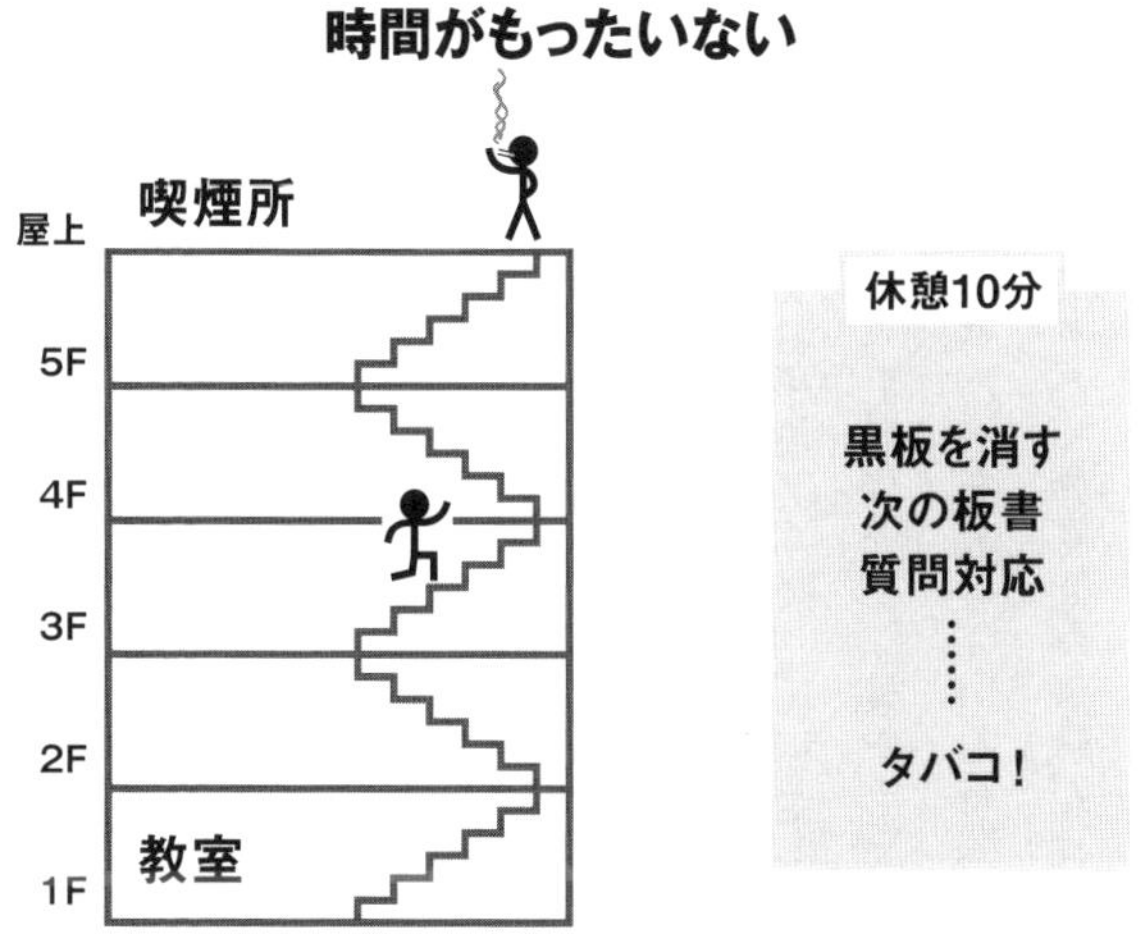

休憩時間は10分。教室は1階。喫煙所は屋上。エレベーターを待っている時間がもったいないので、教室の1階から屋上まで階段を駆け上がります。

片道5階分を駆け上がって喫煙所へ。吸い終わったら5階分を駆け下りて教室へ。10分間に往復10階を上り下り。6時間の講義で休憩は全5回。10階×5セット＝1日の階段上り下り数50階分。何かとっても体に良いことをしているみたいです。

休憩中は、黒板を消す、次の講義内容の板書、そして受講生の質問対応。ただでさえ忙しいのに、タバコを吸いに行く時間を考えると、質問対応がおろそかになります。タバコのために、早く質問を切り上げる、質問するなよというオーラまで出してしまう。これでは受講生に迷惑がかかると思って、タバコを吸うのをやめたのです。

私はずっとタバコを吸い続けていました。

新年の目標はいつも禁煙。除夜の鐘を聞いて、「よし今年からタバコをやめるぞ」と目標を立てて2時間後。くわえたタバコの煙でしみる片目をつぶりながら、新たな目標を書いている自分。毎年恒例になった新年を迎えて2時間だけの禁煙。

もう20年近くこの習慣を続けていたので、禁煙は絶対無理だと思っていました。

そんな根性なしだったのに、時間がもったいないという理由でピタッとタバコを吸うのをやめられたのです。

当時は、1日平均30本吸っていました。

30本×4分=120分。作業や車を運転しながらなど、何かをやりながら吸うこともあるので、タバコを吸っている時間がすべて無駄とは言いません。1本につき4分中1分、つまり25%の時間が無駄だったとして、ちょうど30分の時間を無駄にしていたことになります。

タバコをやめるだけで、今まで無駄にしていた時間から1日30分を作り出すことができたのです。

さて、その30分ですが、1日30分の時間を作り出すと1年間で1カ月分の仕事時間に相当します。

今まで12カ月だった時間が13カ月に。隣にいる有能な同期より1カ月分多い時間を作り出せる。その時間をすべて勉強に充てられる。

どうですか？

人生を逆転できると思いませんか？

念のために計算方法を示すと、次のようになります。

30分×365日＝10950分

10950分÷60分＝182・5時間

月の労働時間7・5時間×22日＝165時間

182・5時間 ＞ 165時間

ゆえに1カ月分勉強できる。細かく言うと、1カ月と17時間30分を勉強する時間に充てられるのです。

1日30分を作り出すだけで、勤務時間の1カ月分に匹敵する。その時間を勉強に充てたら、すごいことになると思いませんか?

勉強だけが、不安を取り除いてくれる

暗いニュースが続いています。東北の大震災以前から続く閉塞感、リストラ、自殺問題、就職難、年金問題、財政赤字、原発問題……。

年功序列と終身雇用の崩壊もサラリーマンの不安に拍車をかけています。後輩に抜かれるかもしれませんし、いつクビになるか分かりません。

では、どうすれば不安を取り除けるのでしょうか?

その唯一の手段は勉強することです。

1日30分勉強したからと言って、後悔することも失う財産もありません。

勉強にかかる費用はわずかです。

たとえば専門学校に通う、教材を購入すると言っても、ゴルフや飲み会などほかの趣味に比べたら微々たるものです。休日を勉強して過ごすため、ゴルフや釣りを控え

ることでむしろ出費が減るかもしれません。

一般的に言って、投資にはお金がかかります。

自制心を持って行なう分にはいいと思います。趣味や、経済の勉強のため。割引優待券が欲しい。この企業を応援したい。そのような目的で投資や財テクを行なうことには賛成です。

しかし、「人生を逆転するために投資をする」ことには、どうしても経済的リスクが付きまといます。

ネットには、本物か偽造か分からない数億円の残高が記帳された通帳のアップ。タイマーがセットされた画面に、販売終了時間が刻一刻と迫る情報商材。なんで投資しないの？　いつまで負け犬なの？　バカじゃないの？　と煽るメルマガ。

煽るだけ煽って、失敗しても誰も責任を取ってはくれません。莫大な資金を失って後悔するのは自分です。路頭に迷って家族に迷惑をかける可能性もあるのです。

さて、あなたは1日30分の時間を勉強に充てました。

60歳になったときに、「あのときは30分も時間を使ってしまった。どうかしてるぜっ！」と思うでしょうか？　あの貴重な時間を返してくれと思うでしょうか？

ただし、自分のすべての時間を費やして勉強しまくるなら、後悔することもあるでしょう。子供の面倒もしつけも教育方針もすべて奥さん任せ。これでは何のために生活しているのか分かりません。

朝10分早く起きて奥さんの話を聞いてあげる。週末だけでも子供と一緒に遊ぶ。うまくバランスを取らないと、大切な人を傷つけ、犠牲にしてしまうかもしれません。

私もかつて勉強に専念している時期がありました。

朝早くに自習室に行って夜遅くに自宅に帰るので、2歳になる娘と顔を合わせたことがほとんどありません。

その娘と、たまたま2人きりになりました。山で出合ってしまったクマと人間みたいです。お互い緊張が走ります。沈黙を破り、娘が重たい口を開きました。

「ママは〜?」

「今1階にいるよ」

「お兄ちゃんは〜?」

「遊びに行ったよ」

「パパは～？」

「いや、目の前にいるのが、パパだけど……」

「パパは～（号泣）」

いやいや、実は君の言っているパパって、世間の常識から言っても消去法で言っても俺なんだけど。この場合どうすればいいんだ？「実は父です」と名乗ればいいのか？ いや「パパでしゅ」かな？ ほらほら、お前が産まれてくるのを、分娩室の外の椅子に座って待っていたのが父親の俺なんだって。唐揚げ弁当を食べていて唐揚げを残しておいたのに、思いのほかお前が早く産まれてきたので唐揚げを食べられなかったことをすごく後悔していたのが父親の俺なんだって……。

そんなことを思うと同時に、猛烈に反省しました。滅多に会わないから、娘には近所のおじさん程度にしか思われていなかったのかもしれません。

親子は永遠に親子です。娘は永遠に自分の娘です。でもその小さな手を握れるのは8歳ぐらいまで。自分から手をつないで歩いてくれるのも8歳ぐらいまでです。

どんどん時間は過ぎていきます。子供は永遠に子供ですが、大きくなって親から離れていきます。あの、自分の手で包み込めた小さな手の感触は、小さかったころにしか味わえません。

1日30分の勉強なら、失う財産はありません。
誰かを犠牲にすることもありません。
そして何より、後悔することがありません。

人は、やったことよりも、やらなかったことに後悔します。
後悔しないためにも今できる「人生逆転」にチャレンジしましょう！

Chapter 2

How to Change Your Life in 30 minutes: A Guide for 30-somethings

人生逆転の目標を見つけよう

さぁ、あなたの人生逆転プランを考えよう

第1章では、人生逆転について述べました。

そのためのキーワードは勉強すること。勉強だけが、人生を逆転させるチケットでした。もうあなたには、勉強しか残されていないのです。

こう言うと脅迫めいていますが、逆の言い方をすると**勉強さえすれば人生を逆転することができる**のです。

では、実際にどんな勉強をしてどんな人生逆転をするか。

この第2章ではそれを一緒に考えていきましょう。**何かやらなくてはならないことは分かっている。ただ何をやればいいか分からない。**そんなあなたの水先案内人を務めさせて頂きます。

自分が何を勉強すべきか分かっている人は、この章を飛ばしてもらって構いません。少ない時間でより効率的に勉強する方法を第3章以降で身につけて下さい。

さぁ、いよいよ、あなたの人生逆転プランを考えるときがやってきました。第2章を楽しんで下さい。

まずは、自分の強い願望を設定すること。そのためには、

・いつまでに
・どこで
・どうなりたい

この3つを明確にしなければなりません。

いつまでに

あなたは、上司に「この書類を10日以内に終わらせてくれ」と言われたら10日以内に終わらせます。「7日以内に」と言われたら7日以内に終わらせます。

じゃあ「3日以内に」と言われたら？

3日以内に終わらせるでしょう。

「いつまでに」という期限は人を動かす最高の魔法なのです。強い願望も、期限がないとほかの雑事に追われて簡単に先延ばしにしてしまいます。

どこで

強い願望をより早く実現するためには、情景を頭に描いて、頭の中が想像なのか現実なのか分からなくなるほど具体化する必要があります。

私の場合はある意味で逃避だったかもしれません。

20代のころの現状がイヤすぎたので、実家に帰って税理士として開業して外車に乗って……と想像し、途中で軌道修正をして結局実家には戻りませんでしたが、それ以外の想像はほとんど現実のものになりました。

どうなりたい

「どうなりたい」がないと、北海道に行くのに九州行きの電車に乗るようなものです。行政書士になりたいのに社会保険労務士のテキストで勉強するようなものです。

私の場合、次のように想像していました。

税理士になって、大きな黒い机にアーロンチェア。オーダーメードのスーツとワイシャツ。顧問先の経営者と応接室で自信満々に話をしている。そこへ細身で髪を茶系にカラーした身長152センチの女性従業員がお茶を出してくる。その女性の名はコジンマリコ。ほかの従業員は5名。法人税をはじめ所得税、消費税、相続税、簿記それぞれのエキスパートが揃っている。さきほどお茶を出してくれたコジンマリコはパソコンのプロ。ブラインドタッチで、どんどん入力業務をすませていく。

いつまでに、どこで、どうなりたい。

自分の将来の姿をリアルな状態に落とし込んでいく。

そのために、思い立った願望はそのつどノートに記入していました。

目標は必ず絶対お願いだから紙に書いて下さい！

成功者の研究に一生を捧げたナポレオン・ヒル。私は18歳のときに初めてナポレオン・ヒルの本と出合いました。そのときは「思考は現実化する」「人は思いどおりの人間になれる」などの言葉を聞いても心に響いてきませんでした。

「そんなわけないだろ！」

まだ若かった私は、そう思っていたのです。そして読むのを途中でやめてしまいました。あのとき素直な気持ちがあれば、もう少し早く人生が逆転していたかもしれません。少なくともあんな20代を過ごさなくてすんだかもしれません。

やはり、**誰と出会うかも重要ですが、そのタイミング、いつ出会うのかも重要です。**たとえば、付き合った相手と出会う順番が違っていたら、今の奥さんや彼女は隣にいなかったかもしれません。

ナポレオン・ヒルの残した有名な成功哲学。

成功への6つのステップ。

①明確な目標を持て
②目標達成の期日を定めよ
③目標は紙に書いて張り出せ
④目標達成のための具体的プランを作れ
⑤目標達成のために支払うべき代償をはっきりさせよ
⑥常に目標達成を念頭において努力せよ

私は28歳ぐらいから目標を書き始めました。目標と言っても夢や希望や願望までもが含まれます。途中まで読んだナポレオン・ヒルのことはすっかり忘れていました。いや、もしかしたら潜在意識の中に刷り込まれていたのかもしれません。

15年経過した今、そのノートを見て驚きます。主要な目標は、すべて現実になっているからです。税理士、独立、3階建ての家、外車、簿記講師、セミナー講師、著書出版……。

30代後半で改めてナポレオン・ヒルの著書を読み直し、目標を紙に書くことの重要性を再確認しました。

年月がたち、多くのビジネス書を読むにつれ、大勢の成功者が実際に目標を紙に書いていることも知りました。

司法試験の試験対策を教える伊藤塾の塾長、伊藤真さん。『あなたの会社が90日で儲かる!』(フォレスト出版)の著者で経営コンサルタントの神田昌典さん。速読法フォトリーディングの公認インストラクター、望月俊孝さんと山口佐貴子さん。元総合格闘家の須藤元気さん。陸前高田市副市長の久保田崇さん。研修セミナー講師、ドリームインテリジェンスの久保ひろしさん。英語教育者の古市幸雄さん。プロ家庭教師の吉永賢一さん。『朝1時間勉強法』(中経出版)の著者で税理士である山本憲明さん。お金の専門家の本田健さん。ワタミ株式会社の創業者、渡辺美樹さん……。

もう当たり前すぎて、私が改めて言うべきことでもありませんが、**目標は必ず絶**

対お願いだから紙に書いて下さい。

社会心理学で「予言の自己成就」という用語があります。人は意識的にせよ無意識的にせよ、自分の思い描いた行動に出たがる習性があるというものです。思い描いたことを紙に落とし込むことで、思い描いた人間になる。まさにナポレオン・ヒルと同じ考えです。

お笑いコンビ、スリムクラブの真栄田賢さんは、ネタ帳ならぬ願望ノートを付けているそうです。そのノートには「M‐1グランプリ決勝進出」そして「松本人志から96点」と記入してありました。どちらの予言も当たっていたのです。

世界で1億部以上売れたという「こころのチキンスープ」シリーズの著者マーク・ビクター・ハンセンさんは、常に目標を書いたカードを持ち歩き、心からそれを信じています。また鏡の横に目標を書いた紙を貼り、毎日チェックしているそうです。『バカでも年収1000万円』（ダイヤモンド社）を著した伊藤喜之さんは、その著書の中で伊藤さんらしい納得できる答えを出しています。

「手帳に書くと目的が明確になる」からなのか、「潜在意識に刷り込まれる」からなのか、僕はおバカなのでその理由も根拠もわかりません（笑）。

けれど、とにかく「こうなったらいいな」と思ったことの半分以上が、実現しているので、「この成功法則は正しい」のです（笑）！

なのでみなさんも、

「え？　書いたぐらいで実現するわけないじゃん」とかいわずに、もっとおバカに徹して、「ようし、書くだけで願望がかなうなら、書いてみよう！」と、いますぐ、願望を手帳に書いてみてください。

伊藤さんの言うとおり、まぁ気軽にやってみましょう。

遊び感覚でウキウキワクワクしながら、実現したい夢や願望を紙に書いていく。なぜ紙に書いたら実現するのか？　そんな理由なんてどうでもいい。

紙に書いて実現したら儲けもの。なりたい自分になれるのだから。もし実現しなかったとしても、笑われるわけでも罰金を取られるわけでもありません。

そして、もう一つ。紙に書くことのメリットを私なりに考えました。

目標を紙に書き出すということは、**内部にあった思いを体から外に出す行為**なのです。願望を現実世界に放出する。バーチャルからリアリティーに。

アウトプットの第一歩、行動を引き起こす第一歩なのです。書き出したら止まりません。あなたは実現に向けて計画を立て、必要なものを揃え、1日30分の勉強を始めることでしょう。

達成したい願望を、紙に書くということは理解して頂きました。ただ、当たり前ですが、肝心の願望が見つからなければ書き出すことはできません。

人生逆転の目標を見つける6つの方法

人生を逆転させる3つの方法、覚えていますか？　そうです。「社内で一目置かれるスペシャリストになる」「好きな会社に転職する」「起業する（セカンドビジネスを含む）」の3つです。

あなたは、こう思っているかもしれません。

この3つがあるのは分かった。ただ、スペシャリストになると言っても英語からパソコンまで幅広くある。転職、起業と言ってもさまざまな職種がある。国家資格で独立するにしても、どの資格が流行っていて、自分に向いているのは何の資格で、難易度はどれぐらいなのかも分からない。

人生を逆転したいのに自分が何に向いているのか分からない。田舎の広大な敷地を利用したとうもろこし畑の巨大迷路のように、人生逆転の迷路にはまっている。

そんなあなたのために、**人生逆転の目標を見つける6つの方法**を紹介します。

そして目標を見つけたとき、不思議な現象が起こることを覚えておいて下さい。

たとえば、あなたが社会保険労務士を目指そうと思った瞬間から、社労士事務所の看板がやたらと目に入ってきます。新しくできたのかと思っても随分と古い建物だったり、明らかに老舗っぽい造りだったり。そうなのです。同じ風景なのに目に入らなかっただけ。興味がないから気づかなかっただけなのです。

新しく車を買い替えた瞬間から、同じ車を随分見かけるようになったと感じるのと同じです。これを「カラーバス効果」と言います。

あなたも新たな目標を見つけたときに、この不思議な現象を楽しんで下さい。

目標を見つける片っ端ノンジャンルセミナー法

人生逆転の目標を見つける1つ目の方法は、「片っ端ノンジャンルセミナー法」。

その名のとおり、片っ端からセミナーを受けまくるのです。受けるのではなく、受けまくるのです。私は20年前から今に至るまでに、600回以上セミナーを受けました。総額500万円は使っています。

なかには怪しいセミナーもありました。名刺を割り箸で折り、タバコの火を手の甲に押し付けられるセミナー。2日で20万円払ったのに説教されまくりで、帰り際には「奇跡の水」か絵画かCDを買わされる雰囲気だったセミナー。でも、大失敗と思えたセミナーはこの2つぐらいです。

当時は行ってみないと内容の分からないセミナーが大半でしたが、今はネット社会です。ネットで「講師名　評判」で検索すれば、評判の悪い講師やセミナーは、簡単に回避することができるのです。

セミナーの良否の判断基準は、時間の無駄ではなかったかどうかで判断しています。たとえば、2時間のセミナーを受けたけれど、その時間仕事をしていたほうが良かったと思うセミナーは失敗だったと言えます。

ただ、私は**感銘を受ける言葉もしくは実行できることが1つでもあれば受けてよかった**というスタンスなので、ほとんどのセミナーが役に立っていると言えます。

セミナーを申し込むときに注意すべき点は、受講料では決めないことです。

低額のセミナーでは低額レベルのノウハウしか得られないかもしれません。無料のセミナーでも、受講後に商品の購入、保険の加入などを促される場合があります。

逆に同じ無料でも、県や商工会議所が主催する良質のセミナーもあります。普段は高額のセミナー代がかかる講師でも、商工会議所主催だと安く受けられるなどのメリットがあるのです。

また、高額だから受けないという考え方も判断基準としては間違いです。高額には高額なりの理由があります。高い受講料を払う価値のある情報やノウハウが得られたり、高額なので少人数しか受けないため、その情報に希少性があるなどのメリットもあります。

以前、月1回で全4回40万円のセミナーを受けたことがあります。大変有意義なセミナーでした。会場は東京。隣に座った方は京都から来ていました。

「そのつど、新幹線代とホテル代がかかるので大変ですね」

と話したら

「新幹線代とホテル代と時間をかけてくるからこそ、高いセミナーを受けるのです。わざわざ京都から来て地元でも受けられる安いセミナーに参加しませんよ」

と言っていました。そのときは、その答えにすごく納得したのを覚えています。

あなたが、人生を逆転したいのに自分には何が向いているか分からないのなら、片っ端からセミナーを受けることです。

私が今、執筆しているのは、片っ端からセミナーを受けたからこそです。

本を速く読みたくて速読のセミナーを受けました。そこで知り合った受講生に、スピーチが上手くなりたかったらとほかのセミナーを紹介してもらいました。そのスピーチのセミナー会場でゲスト講師をされていた方に出版を薦められたのです。

セミナーを受けまくって力をつけ、ご縁もあったからこそ、全員合格の高校しか受からなかった私が本を出版するという人生逆転を実現できたのです。

仲間に出会えるセミナー懇親会刺激法

目標を見つける2つ目の方法は、セミナーの後の懇親会に参加することです。

「飲み会で人生逆転の目標なんて見つけられるの？」

あなたはそう言うかもしれません。しかしセミナー後の懇親会は、ただの飲み会ではありません。合コンやパーティーでの集まりとはワケが違うのです。

セミナーを一緒に受けた受講生同士の飲み会です。あなたと同じように、このセミナーを受けてみようと思った人たちです。感性が一緒です。求めるものも似ています。勉強好きです。同じ志を持っています。

こんな素敵なメンバーが集まる場所は、ほかにはありません。唯一あるのは、ついさっき受けたばかりのセミナーの会場だけです。ただセミナー会場では講師の話を聴くのがメイン。受講生同士の交流は休憩時間中の名刺交換ぐらいでしょう。

密に話せるのは懇親会のみ。行かない理由が見つかりません。

私は20年間でたくさんの仲間を見つけました。

40歳を過ぎてからのこの4年だけで考えても、弁護士、弁理士、公認会計士、税理士、司法書士、社会保険労務士、行政書士、著作家、セミナー講師、経営者、医者、歌手、画家、漫画家……さまざまなジャンルの方と知り合いました。

今では親友と言っていい人たちもいます。社会人になると仕事やお金が絡むので、親友どころか友人の付き合いをするのも難しい。それがセミナー後の懇親会に出ただけで、親友と呼べる仲間と知り合えるのです。

高校や大学では大勢の生徒の中から共感できる人を見つけて友人になりました。セミナー後の懇親会では、すでに共感できる仲間である可能性が高いのです。

あるセミナーの懇親会に参加したときです。向かいに座った方が『ブラック社員がこんなに！動く　佐川急便の「マネジメント」』（東邦出版）の著者、大重寛さんでした。

お互いの経歴や趣味を話しているうちに意気投合し、「石川さんなら本が出せますよ」と言われました。

そのときは、出版なんて夢のまた夢と思っていました。しかし説得力のある力強い大重さんの言葉を信じ、どうすれば出版できるのか勉強しました。セミナー懇親会で知り合った大重さんのひと言から、今この原稿を執筆しているのです。

あなたも、一度でいいから懇親会に参加してみて下さい。酒が飲めるか飲めないかは関係ありません。いやむしろ、しっかり話を聞けるので飲めないほうがいいのです。

私はセミナー2万円、懇親会1万円、合計3万円のセミナーに参加したことがあります。フォアグラ、北京ダック、鶏の唐揚げ、ピザ……。予想どおり大好きな料理ばかり。乾杯の挨拶が終わると同時にフードコーナーに群がる人たち。しかし私は食べ物を一切口にしませんでした。

正確に言うと口にする時間がなかったのです。その場にあるのは1万円の料理。でもそれ以上に高価なものがありました。

それはワンデーで3万円払ってセミナーを受けられる人たち。この人たちとの人脈作りに時間を使い果たしました。おかげで仕事に結びつく人脈を築くことができ、結果的に懇親会費用の100倍以上のリターンを得ることができました。

弁護士相談――30分で5000円以上。
経営や出版、起業、ネット集客までさまざまな相談窓口がありますが、どれも一対一になると高額です。なかには1時間5万円以上するものまであります。

セルフサービスの著名人無料相談法

もしも人生逆転の目標を見つけられる相談が無料で受けられるとしたら、あなたはどうしますか?

無料だからと言って、その後に壺を売りつけられることはありません。北は北海道、南は沖縄までその相談窓口は全国どこにでも存在します。小さな窓口でも1000人以上はいる相談員。その相談員が一カ所に集まってあなたが来るのを待っています。完全指名制です。あなたは好きな相談員を指名することができるのです。

自動ドアが開いたと同時にヒンヤリする空気。ほんのりと木の香り。

受付はありませんが道に迷うと案内人はいます。セルフサービスなので、あなたは相談したい人のところに駆け寄ればいいだけ。

そうです。その場所は、ずばり「書店」です。

人生の大先輩に相談したいなら、松下幸之助氏、稲盛和夫氏、本田宗一郎氏……。厳しくも優しく相談に乗ってくれます。

大御所コンサルタントに相談したければ、船井幸雄氏、大前研一氏、小山昇氏……。生き方からマネジメントに至るまで答えてくれます。

大御所は恐れ多いので若手コンサルタントにと思ったら、神田昌典氏、勝間和代氏、竹内謙礼氏……。独特の視点から繰り出す思考法は、自宅で一人悩んでいるのがバカらしくなるほどです。

もう少し人生について見つめ直したいなと思ったら、ニーチェ、デカルト、新渡戸稲造……。人生を大きく変える座右の銘が見つかるかもしれません。

スポーツを通して考えたいなら、野村克也氏、落合博満氏、長谷部誠氏……。分かりやすい解説で定評がある人は、著書においても分かりやすく、ためになります。

また、著名人でなくてもいいのです。本のタイトルを見て心を惹かれるものがあれば、手に取って片っ端から読みあさりましょう。その相談（本）が、納得する答えを出してくれるまでは、どれだけ相談してもいいのです。

そして、この人に相談しようと気に入れば、相談料を払います。

相談料は1万～5万円？　いいえ、書籍の購入代だけなので1000～2000円です。しかも次回（読み直し）からは無料。書棚にいる相談員（本）に自分が都合のいい時間に納得いくまで相談すればいいのです。

3年前、何か新しいことをしたいなと考えたときでした。無料相談を受けに、書店に立ち寄りました。

埼玉一の大型書店。目に飛び込んできたのは、大谷由里子さんの『はじめて講師を頼まれたら読む本』（中経出版）。自分は専門学校で講師をしているけれど、セミナーで全国を回れたら素敵だなと思い、無料相談（立ち読み）を受けました。

4分ほど相談をしたあと、相談料（書籍代）１４７０円を支払いました。ちなみに1講演50万円の人気講師です。相談場所は自宅。一対一の相談（読書）を3時間ほど受け、講師としての自分のバイブルになりました。

そして購入した次の日。日本経済新聞を眺めていると、なんと大谷先生の出版記念無料講演が行なわれるという記事！　本を購入していないと目にも留まらないような記事でした。もちろんすぐにファクスで申し込みをしました。

当日を迎え何百人も入る会場は超満員。大盛況だった講演のあと握手会がありました。名刺交換、握手のあとサインを頂きましたが、3回も読みマーカーや付箋でボロボロになった書籍に、大谷先生は喜んでサインをして下さいました。

何日か後、名刺のメールアドレスに大谷先生から忘年会のお誘い。20名前後の少人数だったため急いで申し込みをしました。忘年会はワリカンなのにたくさんのアドバイスを頂きました。その後、何度か講師セミナーを受けさせて頂きました。

あれから3年たった現在。今でも大谷先生の塾に通わせて頂いています。また、そのおかげで大阪を拠点としているシュカベリー社主催の、未来の人気講師を発掘する「講師オーディション」で優勝することもできました。

埼玉一の大型書店。一冊の本。次の日の朝刊。講演申し込み。すぐ満員になる忘年会に即断で申し込み。セミナー受講。

著名人に無料で相談できる場所である書店に行き、行動したことにより、自分を高みへと引き上げてくれる人物と出会うことができたのです。

資格取得を目指すなら、専門学校パンフレット収集法

もしも人生逆転の目標が国家資格を取って開業することに決まったら、迷わず専門学校に行くべきです。

私は、建設業簿記や日商簿記を独学で取得し

ました。そう言うと聞こえはいいのですが、専門学校で受講した合格者の5倍から10倍の勉強時間を費やしました。

どこが出題されるか分からない。何点で合格なのか分からない。出題頻度も分からない。日商簿記では、出題されることのない線の名前を覚えたり、帳簿の枠まで書けるようにしたりと無駄に勉強時間を費やしました。

鯉《こい》は川魚です。川や池に生息しています。そのことを知らずに海や湖に探しに行きたまたま川にまでたどり着いて、ようやく鯉を見つけたようなものです。とにかく独学では、やみくもに勉強する確率が高くなります。

資格は専門学校で取得しましょう。受講料で時間を買ったと思えばいいのです。**失ったお金は稼げば取り戻せますが、失った時間は二度と戻ってこないのです。**

ただ注意してほしいのは、ちゃんとした専門学校を選ぶこと。

以前、工事の知識を増やすため土木施工管理技士という資格を取得しようとしたときのことです。建設会社勤務ですが事務なので、土木施工の知識がありません。独学では時間の無駄だと思い、ファクスで届いた案内の講座を気軽に受講しました。

これが大失敗。講師が講師ではないのです。世の中には、孔子のような講師もいれば子牛のような講師もいます。その講師は子牛のような小太りのオッサンでした。資格は持っていても人に教えたことのないレベル。声は聞き取れない、テキストは棒読み、明確でない語尾。結局、お金で時間を買うつもりが、お金も時間も無駄にしてしまいました。

やはり受験案内書を取り寄せたり、ネットで評判を検索したり、信用のある大手を選んだりするべきです。

さて、あなたはコツコツやるタイプ。国家資格を取得して開業しようと考えていたとします。ただし、どの資格が自分に向いているか分からない。そのような人にお勧めなのが、専門学校にあるパンフレット。各種資格講座の案内です。

大手の専門学校になればなるほど開講している資格講座が多いので、その分パンフレットが多く置いてあります。全面カラーで超豪華。しかも無料。資格の取り方から、取得までの時間、最近の合格率情報、合格体験記まで。人気の有無は開講講座が多いか少ないかでも分かります。

資格ごとに分かれて置いてあるパンフレットは、情報が変わればそのつど更新されるので、書店にある資格の本より新しい、つまり最新情報が載っています。

ロビーで何冊かのパンフレットを手にドトールコーヒーを飲みながら、自分に合いそうな資格を探してみて下さい。興味の持てる資格が見つかるはずです。

そして、そのまま帰るのではありません。受付で詳細を確認し、さらに講師を呼んで無料でコンサルティングを受けてしまいましょう！　思い立ったが吉日です。

気遣いは無用　専門学校無料コンサル法

1966年（昭和41年）に放映されたウルトラシリーズで、カネゴンという怪獣がいました。バルタン星人、ピグモン、そしてカネゴンは、ウルトラシリーズの3大人気怪獣です。

カネゴンは目が離れています。小学校のとき目の離れている子は、たいていカネゴンと呼ばれていました。

そのカネゴンは、毎日3510円を食べないと死んでしまいます。当時の高卒男子の初任給が1万7550円（『昭和国勢総覧　下』）です。30日で割ると1日に使えるお金は585円。カネゴンが食べなければならないのは、その6倍の3510円。かなりの量を食べなければなりません。

カネゴンが食べるのはお金ですが、講師は受講生の成長を食べて生きています。

私が勤めている大原簿記学校の講師陣は、教えること、合格させること、かかわった人が成長することが大好きです。

ほかのクラスの受講生が質問してきても、自分を頼ってきた人には理解できるまで教えます。別の専門学校に通う受講生が、模擬試験を受けに来ただけのときに質問してきても同様です。

誰が来ようが「分かりました！」と理解してもらえるのが喜びなのです。

その証拠に講師たちは、昼休みに受講生が質問しに訪ねてきても、イヤな顔ひとつせず、むしろ喜んで質問部屋で対応します。たとえカップラーメンを食べている途中でも、です。もう一度言います。３分間待って蓋《ふた》をはがして湯気の出ているカップラーメンを投げ出してでも、です。

昼休みのカップラーメンがどれだけ大切か。あなたには分かるはずです。経験がありませんか。昼休み、ラーメンを食べている途中での営業電話。緊急じゃなくて営業。その商品に魅力がありそうでも、気配りのできない営業先から買いたいとは思いませんよね。昼休みのラーメンは砂漠の水ぐらい大切なものなのです。

そのラーメンを食べている途中でも講師たちは、質問に来た受講生には分かるまで教えます。質問がノビノビになってラーメンがノビノビになっても。汁がすべて麺にしみ込んで三角コーナーに捨てられる運命になったとしてもです。

ちなみに私は、受講生を恨みたくないので昼休みはパンを食べています。こんな私でも昼ごはん抜きで質問対応をしたことが何度もあります。なぜならそれが講師の存在意義であり生きがいでもあるからです。

かかわった人なら誰でも成長してほしい。当然、その学校で受講しようか迷っている人にも懇切丁寧に教えます。うちの学校が儲かるから引き込もうと思っている人は、私の知っている講師の中には1人もいません。

このような専門学校の受講相談を利用しない手はありません。パンフレットを見て興味がある勉強について、どんどん質問するべきです。

3510円もかかりません。無料でいくらでも教えてくれます。あなたも人生逆転の戦略に迷ったら、カネゴンなく、いや気兼ねなく専門学校で聞いてみて下さい。

見つからない場合は、雇用契約1年延長法

この章では、あなたと一緒に人生逆転プランを考えてきました。

簡単にまとめます。

人生を逆転するために、どんな勉強をするか。

まずは、自分の強い願望を設定すること。その願望（目標）が決まったら紙に書く。神田昌典さんはじめ多くの成功者が紙に書いて目標を達成しています。

では目標を見つけられない人は、どうするか？

5つの方法を紹介しました。

①興味のあるセミナーに積極的に参加する。②セミナーの懇親会で同志を見つけ刺激を受ける。③書店に行ってさまざまな著名人に相談（読書）する。

そして、専門学校。④まとめられた各種資格試験のパンフレットを見るだけで刺激になります。⑤しかもその場で講師たちが親切に無料で教えてくれます。

ここまでは、目標を見つけよう、見つからなければ探そうという話でした。ここでは、それでも目標が見つからない人はどうするかをお話しします。

ズバリ今の会社にとどまることです。

今の会社がイヤな人はこう考えてみて下さい。本当はこんな会社辞めるつもりだったけれど、今から1年間だけ雇用契約を延長したと。

そして1年後には、自分のやりたいことが見つかる。起業して代表取締役という名刺を持っている姿でもいいので想像してみて下さい。漠然とで構いません。

もしくは、今の会社が1年後には倒産すると思って下さい。自分が社会に放り出される。路頭に迷う。妻も子も迷う。猶予は1年しかないのだと。そのほうが緊迫感もあっていいかもしれません。

そして、これから1年間は会社組織について給料をもらって学ばせてもらうと考えます。丁稚奉公のように身を粉にして働くのです。


あなたが、いつものようにコピーを取ります。

昨日まではイヤイヤ適当に取っていたコピーが、意識を変えた途端にどうなるでしょう。さまざまな機能に目がいきます。枠消しやブック中消し、スキャン機能も付いている。紙詰まりになったときの対処方法は、こうするのか。

白黒とカラーの値段は1枚いくらだろう。

じゃあ部長に今、「会議用の資料、カラーコピーで頼む」って言われたけど15人分で1人30枚だから合計450枚だな。白黒が1枚6円で2700円。カラーは1枚25円だから、ゲッ！　1万1250円もする。中身を見ると2カ所、緑で書いてあるだけ。その2カ所のためにカラーにするなんて。しかもテーマが「部署内の経費削減」

って。俺が社長ならまずはこのコピーを白黒にすることから始めるけど。

営業も同じです。

今まで苦痛だった外回りが将来の実験の場になるのです。

今日は20件、明日は30件回るぞ。そのための最短ルートは、こうかな。地図とナビで戦術と戦略を立ててから出発しよう。

営業なんて成約できること自体がまれなのだ。何件回れたか、何人の人と名刺交換できたかで頑張ってみよう。その名刺交換した相手が自分の将来の得意先かもしれない。断られてもイヤな顔をされても誠実に対応しよう。

今日は昨日の自分と勝負してみよう。昨日より多くのお客様のところを回れたらハイボールを飲もう。万歩計を付けていつもの自分と歩数で勝負をしよう。

起業する前にいろいろ実験してみよう。営業の本を電車で1章ずつ読んでその日のうちに実践してみよう。帰りの電車ではもう一度その章を読んで成功したかどうか検証しよう。年間250日電車に乗るとして1年で250章。1冊につき平均10章として25冊の営業本の実験ができるぞ。


あなたが1年という期限を決めたとき、会社はお金をくれて勉強させてもらえ

る場所に変わります。1年後に独立する、または路頭に迷うと想定すれば、会社は格好の実験の場になるのです。

1年間、**今まで見えてこなかったものを感じることができるのです。**結果的には今いる会社が好きになってずっといるかもしれません。逆に会社があなたを手放さないかもしれません。

そして1年後のあなたは、人生を逆転させるための方法の1つ、「社内で一目置かれるスペシャリストになる」を選択肢に加えていることでしょう。

Chapter 3

How to Change Your Life in 30 minutes: A Guide for 30-somethings

誰でもできる
1日30分の作り方

＞＞＞激務の30代サラリーマンでも30分は必ず作れる！

人生逆転を「強い願望設定×1日30分の勉強」と定義しました。

この定義は、掛け算です。

こうなりたいという強い願望がなければ、1日3時間、6時間、どれだけ勉強しても人生は逆転しません。せっかく長い時間勉強しても知識が増えるだけです。クイズ番組を見て結構答えられる、という趣味レベルで終わってしまいます。

そこで第2章では、あなたに合った願望を一緒に探していきました。漠然とでも方向性は見つけられましたよね。

次は、勉強時間です。どれだけ強い願望を設定しても、勉強時間が0分なら人生は逆転しません。強い願望×0分＝0だからです。

自分はファイナンシャルプランナーになりたいのだ。なぜなら、今後より一層高齢化社会に突入する。老後の生活設計に不安を抱えている人が大勢いる。その人たちを安心させたいからだ。よし、ファイナンシャルプランナーになってお客様の生涯設計のお手伝いをしよう！　このように強い願望を設定しました。

しかし毎年行なわれる試験を受けなければ、受かるための勉強をしなければ、いつまでたってもファイナンシャルプランナーにはなれません。

強い願望を設定しても、勉強時間が0分なら、願望は夢で終わってしまいます。

せっかく見つけた願望を夢で終わらせないために、この章では激務のサラリーマンでも1日30分は必ず作れるという話をしていきます。

そうなのです。


激務のあなたでも、1日30分は必ず作れるのです。


「忙しい」ばかり言って物事を行なわない人を戒めた格言があります。

「今度とお化けは見たことない」

「そのうちやろうは、バカやろう」

「時間があるときは永遠にこない」

ある田舎の個人経営の居酒屋に行ったときのことです。トイレにこれらの格言が張ってありました。トイレで用をたす時間は約1分。20秒あれば2回読み返すことができます。そして残った時間で思い出すのです。

「今日は仕事を片付けないで飲みに来ちゃったな～」

「明日の午前中に終わらせなきゃならない仕事があるのに残してきちゃったな～」

「あの仕事もあの書類も終わらせてないな～」

居酒屋に来ているサラリーマンの大部分は、仕事をやり残して来ています。しかも飲んでいるときぐらいは、その仕事を忘れたくてストレスを発散しに来ているのです。そのサラリーマンにいちばん思い出したくないことを思い出させてどうする。

飲んだら必ず行くトイレに張ってあるので必ず読みます。話が終わって切りがいいところでトイレに行きます。そのつど、この格言。トイレのキレも悪くなります。

この居酒屋の経営者は自分目線なのです。来店してくれたお客様の気持ちを考えるのではなく、店で働く従業員を教育するため、もしくは自分を戒めるために掲げているのです。

客をネガティブな気持ちにさせるこの居酒屋は1カ月後には潰れてしまいましたが、とにかくサラリーマンというのは、しなければならないことをできていない人が大部分です。毎日の仕事に追われています。

そのサラリーマンであるあなたが、さらに30分を作れるのか？

作れるのです。

この章では、あなたに合った1日30分の作り方をじっくりと確認していきます。

時間がないのではない優先順位が低いだけ

まず、30分勉強することを優先順位の1番にしようと考えて下さい。

あるトーク番組で白い犬の娘役でコマーシャルに出演している若手女優が言っていました。

「時間がなくて連絡できなかったって彼女に言うのは単なる言い訳です。ロケ中でも連絡はできます。トイレに行ったときにメール1本入ればすむことなんです。要は時間がないのではなくて優先順位が低いだけなんです」

これを聞いて、私が日ごろ思っていることと同じだと感じたのを覚えています。

そうなのです。時間がないのではない。勉強の優先順位が低いだけなのです。

優先順位が低いことを示す例を3つあげてみます。

1階が火事ですよ

あなたが2階で寝ています。昨日は酔って帰って来て深夜3時過ぎに布団に入りました。朝7時「ごはんですよ～」と言われても、起きられません。

私自身、30年以上前の記憶がよみがえってきました。朝に弱かった小学校時代。

「カズオ！　朝だよ」「カズオ！　起きなさい！」と、怒鳴られてもキレられても、なかなか起きることができません。

しまいには夢見心地な頭の中で1つの仮説を考えます。

「そうだ！　お母さんは僕を起こしているのではない。カズオでも同じ町内会の甲斐カズオ君を起こしているのだ！　お母さんは、すごく面倒見の良い人なのだ！　世界の目覚ましお母さんなのだ！　んっ？　待てよ！　お母さん、おかあさん、おかさん……岡さん？　もしかして今叫んでいるのは、岡さんかもしれない！　お母さんが岡さんなら、岡さんの起こしているカズオという人も僕ではない！　あ〜、やっぱり起きなくていいんだ〜ｚｚｚ」と、無理な仮説を立てて起きずにいました。

でも、「1階が火事！　早く逃げて!!」と叫ばれたらどうでしょう？

30年以上前の思い出話も「ぶっとび」ます。

昨日はフィリピンパブで3時まで酒を飲んだから、カラオケで郷ひろみを熱唱したあと斉藤和義を歌いまくったから、締めに醤油ラーメンを食べたから……。

どんなに眠たい理由があっても、「う〜ん、あと30分だけ寝てから逃げるよ〜ｚｚｚ」とは言いませんよね。パンツ1枚だろうが、すぐに起き上がって外に逃げ出します。それは眠たいということより、逃げるということのほうが優先順位が高くなった瞬間だからです。

300億円もらえますよ

あなたは、今いくら欲しいですか？

いくらでもいいので言ってみて下さい。どうせあげないから声高らかに言って下さい。1億円？　2億円？　3億円？　え～、気の使いすぎです。ではドンと300億円渡します。これだけあればマカオにでも住まないかぎり、一生困らないはずです。

ただし条件があります。与えられた仕事（家事）はきちんと行なったうえで、3カ月後に行なわれる日商簿記3級の試験に合格したらという条件です（ちなみに日商簿記3級の試験は1日1時間～1時間半で3カ月勉強したら受かるレベルの試験と言われています）。

さぁ、あなたならどうします？

3カ月後に控えた試験に受かれば300億円もらえるんですよ。家のローンだって返済できるし、というより、その家を売却して品川に豪邸を建てて、ベンツにフェラーリにポルシェを買って、あとは利息で生活できるのです。

あなたは今まで忙しいと言っていました。勉強する暇なんてないと言っていました。

それなのに毎日時間を見つけて勉強しますよね。むしろ食事と睡眠と必要最低限の仕事をこなせば、あとは勉強の時間に充てますよね。もう**「世界の中心で、簿記をさけぶ」くらいに勉強しますよね。**

日常の生活の中で日商簿記3級を勉強するということが、優先順位1位になった瞬間だからです。

やらなきゃ殺られるよ

数学が苦手だから簿記は無理。法律は何を言っているか分からないから行政書士は無理。日本語もまともに話せないのに英語は無理。歳だから無理。そもそも忙しいから無理。もうワニの腕立てぐらい無理。カニのゲンコツぐらい無理。カメの腹筋ぐらい無理。無理だ！　ムリだ！　むりだ！　無理、無理と言う人がいます。

では、「この試験に受からなければ死ぬよ」と言われたらどうでしょう？

試験が合格点に達していなければ、試験終了と同時に冷たくなっていますよ。もしくはデスノートに名前が書かれますよと言われたら。

思いっきり、それこそ死ぬ気で勉強しますよね。無理だと言って自分に限界を作っていたのが、本気になった瞬間だからです。

以上3つの例をあげてみました。

あなたは日ごろ、時間がないと言っていました。だから勉強ができないと言っていました。本当にそうでしょうか？　ただ単に優先順位が低かっただけではないでしょうか。

火事という緊迫感。300億円という大金。死の恐怖。勉強する時間がないのではない。優先順位が低いだけでした。優先順位が高くなれば、ちゃんとやる時間はあるのです。

時間は「削る」ものお教えします講義中継ライブで

世界の全員に平等に与えられている1日24時間。この時間を、あなたが何に使うかは、あなたが決めていることなのです。時間がない、無理だと言い訳しそうになったら、このことを思い出して下さい。

ただ、分かっているけれどやれないのも人間です。

早寝早起きは気持ちが良い。腹八分目なら太らない。禁煙すれば健康に良い。あなたも分かっているハズです。でもスナックで飲みすぎて、帰りは店の子とラーメン食べて、午前様で朝帰り。

タバコを吸う人なら何度やめようと思ったか分からない。禁煙したり再開したりの繰り返し。何度も禁煙宣言をしているので、もう「やめたから」と言っても喫煙をやめたのか、禁煙をやめたのか、主語がなければ周りの人には分からない。体に悪いことだと分かっていてもやめられない。

勉強も同じです。30分の時間を作り出して勉強すれば人生が逆転するのは分かっている。でもその30分が作れない。分かっているけれど日々の生活に流される。

では、どうするか。

時間を作り出すのではなく、不必要な時間を削ればいいのです。人間は無ではいられません。ぽっかりと空いた時間の中には何かを埋めなければなりません。

ここでは、時間を「作る」という考えから「削る」という考えに発想を転換していきます。


私は専門学校で講師をしています。今からお伝えするのは、全4回の模擬試験を受けてもまだ合格点に達していない受講生向けのガイダンスです。

いつも全身全霊で講義をやらせて頂いています。受講生の点数が合格点以下だと、さすがに落ち込みます。やればできる受講生ばかりです。なのに、時間がなくて、仕事が忙しくてと、言い訳ばかり。せっかく縁あって教えさせて頂いています。合格できないのも、もう一度受けさせるのも、もったいない。

試験本番まで残り1週間。最後まで諦めないで悔いなく試験に挑めるよう、最終講義は不必要な時間を削って勉強する時間を作るアドバイスで締めくくっています。

では、せっかくなので講義中継をライブ感覚でお楽しみ下さい。

はい。それでは以上をもちまして公開模擬試験の解説を終わります。では、残り10分弱時間がありますので、ガイダンスをして今回の講義は終わりになります。改めまして全4回の模擬試験お疲れ様でした。模擬試験が終わって、皆さん、どうでしたか? 残念ながら合格点の70点に達しなかった方がいます。平均30点台の方もいます。でも安心して下さい。試験まであと1週間もあります。1週間しかないのではなく、1週間もあるのです。

1時間勉強すれば点数が1点取れると考えてみて下さい。平均点数30点の方なら、70点－30点で残り40点。つまり40時間勉強すれば受かるのです。残り7日間なので、

40時間÷7日間で1日平均6時間弱勉強すれば合格です。

平均点数50点の方なら、70点－50点で残り20点。つまり20時間勉強すれば受かるのです。残り7日間なので、20時間÷7日間で1日平均3時間弱勉強すれば合格です。

「え〜、1日3時間も6時間も勉強できない。働いているし、残業もあるし」という方もいると思いますが、**必ず時間は作れます**。正確に言うと、作るというより勉強以外の**不必要な時間を削ればいい**のです。たとえば日常生活を送るうえで、以下のような時間があります。これらの時間を、試験までのたった1週間の間だけバッサリと削っていきましょう！

テレビ

まずはテレビです。疲れて会社から帰って来ると、ネクタイを緩めながら、無意識にリモコンのボタンを押しちゃいますよね！　木曜の夜、とりあえず感覚でテレビをつけると『アメトーーク！』。「皆さんは、何芸人ですか？」と、雨上がり決死隊の蛍ちゃんの声。もうこのまま日付が変わるまで観てしまいますよね。

一人暮らしならテレビのコンセントを抜く。試験が終わるまでリモコンを会社に持っていく。デスクの3番目の引出しの奥に入れておきましょう。

家族がいる人も、許可を得て会社に持っていきましょう。それでもダメなら、家族に1週間旅行に行ってもらいましょう。モロッコとか……（いきなり言うのでまったくウケません。何を言っているのだ、いや何を言ったのだという顔をされます）。

いや、真面目な話。もし観たいテレビがあれば録画して下さい。試験が終わったあとに、ゆっくりと録りためたビデオを観る。試験のあとに観る番組は、自分への良いご褒美になりますよ。

ネットや新聞

1週間ぐらい見なくても全然支障はありません。あなたに影響があることが起こることもありません。仮に世界の情勢が変わったり、大事件が起きれば、誰かが必ず教えてくれます。えなり君が結婚しても、大事MANブラザーズバンドが復活しても、必ず周りの誰かが教えてくれます（ちょっとニヤっとしてくれる）。

NHKや教養番組は、確かにあなたの人生の幅を広げるかもしれません。しかし試験にはまったく関係ありません。クジラの生態が分かっても宇宙の仕組みが分かっても、1週間後の試験には絶対出題されません。

スポーツ観戦

今、あなたは人の応援をしている場合じゃないですよ。自分の応援をして下さい。どれだけダルビッシュや本田圭佑の応援をしても、向こうは、あなたを応援してくれませんよ（いや、俺は本田を応援してないし、どちらかと言えば香川だし、みたいな顔が数名）。

ゲーム

ゲームもこの1週間は我慢して下さい。ゲームをしている場合じゃないですよ。あなた方は、2時間で70点以上取るゲームをしているんですよ！　少しでもレベルの高いアイテム、つまり知識を身につけて試験というゲームに挑んで下さい（若干名が、お～という顔）。

残業

『「残業ゼロ」の仕事力』（日本能率協会マネジメントセンター）の著者、吉越浩一郎さんも言っていました。「残業するほど暇じゃない」（うまいこと言うな～という顔の年配の男性が数名）。

この1週間は、緊急性の高い残業だけやって下さい。1週間後にしてもいい残業は、試験後にやって下さい（お前は、うまいこと言わないんだな〜という顔の年配の男性が数名）。

風呂

もう、ゆっくり浸かっている暇はないですよ。この1週間は、シャワーでお願いします。許される会社なら髭も剃らずに行って下さい。

昼ごはん

この1週間は昼休みが勝負です。丸々1時間勉強できるのか、食後の30分なのか。ハッキリ言って両手でごはんを食べている暇はないですよ。梅、シャケ、シーチキンのローテーションで「おにぎり」です。この1週間は、左手におにぎり、右手にテキストで昼休みを過ごしてください。ラーメンは、もちろん禁止です（ちょいウケ）。

夜ごはん

特に主婦の方。食事を作っている暇はありません。片づける暇もありません。1週間、西友やダイエーにある惣菜を買って下さい。だんなさんも手料理の「ありがたみ」が分かるかもしれません。もしかしたら、ずっと惣菜にしてくれと言われるかもしれませんが……（いまだにウケたことがない）。

有給

そして最後の手段です。有給を取って下さい。丸1日勉強に没頭できれば合格に1歩近づきますよ。

有給が取りづらい環境の方は、まずは月曜日に定期的に咳き込みます。火曜日にマスクをして、また定期的にゴホゴホ咳き込みます。そして水曜日の朝に会社に電話をします。ここで注意するのは、寝起きに水分を補給しないでガラガラ声で電話をすることです。「や・す・く・に・じ・ん・じゃ？」と言ってみて下さい。まさかの靖国神社です。電話を受けた方も2度聞きします。

そこであなたは「や・す・ん・で・い・い・で……す……か？」と、再度確認を取るのです。100％休めます。むしろ、うつりたくないから休んでくれと言われますよ（ややウケ）。

普段「時間がない」「忙しい」と言ってもこれだけの時間が削れるのです。考えてみて下さい。テレビ、ネット、新聞、スポーツ観戦、ゲーム、残業、風呂、昼ごはんに夜ごはん……削っていける項目はないですか？

以上が、試験まで残り1週間に迫った受験生に向けてのメッセージです。「時間がない」と言い訳している受講生に、不必要な時間を削って勉強する時間を作ることを伝えました。

合格祝賀会などで、平均30点だった受講生が「あのとき先生に言われて、1週間おにぎりを食べて頑張りました」とか「確かに新聞もネットもテレビも見なかったら時間を作れました。おかげで合格することができました」と言って報告をしに駆け寄ってきてくれるのは、無上の喜びなのです。

激務のサラリーマンのあなたに、ここまで削れとは言いませんが、参考になったものがたくさんあったと思います。

テレビにネット、新聞にスポーツ観戦、ゲームに残業……**時間が全然ない。本当でしょうか？　30分ですら時間が取れないと言っている人は、一度、無駄な時間がないか洗い直してみて下さい。**

それは緊急？　重要？　バケツ理論で時間を作り出す

さて、時間を洗い直すことによって、30分を作り出すことができました。言い換えれば、自分の生活を見つめ直すことによって、時間を見つけることができました。

その時間を使って勉強しようと新たに気合いを入れました。

しかし、せっかく時間を作ったのに、その時間がすぐに仕事で埋まってしまいます。

なぜかと言うと「時間の使い方」を間違えているからです。

『水煮三国志』（日本能率協会マネジメントセンター）という中国の本に「諸葛孔明のバケツ理論」という時間の使い方が紹介されています。

まず、物事を大きく4種類に分けて考えます。

①緊急で、重要なもの（砂利タイプ）
②緊急ではないが、重要なもの（石タイプ）
③緊急だが、重要ではないもの（砂タイプ）
④緊急ではないし、重要でもないもの（水タイプ）

バケツ理論

	緊急	緊急ではない
重要	①砂利タイプ 例 仕事の重大プロジェクト	②石タイプ 例 人生を逆転させる勉強
重要ではない	③砂タイプ 例 礼状、電話連絡、重要ではない会議	④水タイプ 例 雑務、重要ではないメール返信

さて、あなたならどの状況のものから手をつけますか？

普通は、①の「緊急で、重要なもの」からやりますよね。緊急でかつ重要なのですから。たとえば、期限の決まっている予算提出や決算書の作成など。これらの差し迫った問題からまず片づけようとします。

激務のサラリーマンであるあなたには、緊急で重要な仕事が山積みです。来週までに行なわれる重要なプロジェクトの立ち上げ。来月に迫った株主総会の段取り。「緊急で、重要なもの」から片づけます。

せっかく作った30分も、これらの仕事で埋まってしまいます。

こうならないためには、どうするか。

②の「緊急ではないが、重要なもの」を意識して優先的に行なうのです。

ここで言う「緊急ではないが、重要なもの」とは、もちろん毎日の勉強のことです。確かに差し迫っての緊急性はありません。今年の試験を来年に延期することもできます。今月は忙しいから来月から起業の本を読むこともできます。しかし重要度は非常に高いのです。毎日30分の勉強を続けることが、あなたの人生を逆転させる唯一のチケットだからです。

始めなければ、始まりません。緊急で重要なものから先にやると、いつまでたっても人生を逆転させる勉強ができません。

たとえば、働きながら資格試験に受かるためには、就業時間が終わったら最初に勉強をしなければいけません。勉強をしてから仕事に戻って下さい。勉強が終わって疲れていても、緊急で重要な仕事なら徹夜してでもやり遂げるはずです。

もし逆だったら？　仕事を先にやって疲れた体で勉強はできませんよね。人間は弱い生き物です。そのまま勉強せずに寝てしまいます。

時間の使い方を間違えると、いつまでたっても勉強はできません。**結局、時間の使い方を間違えている人は、勉強する時間を作れないので、いつまでたっても人**

生の逆転ができないのです。

最後に、「諸葛孔明のバケツ理論」という有効な時間管理術について補足説明しておきます。

先にあげたように、「緊急で、重要なもの」を「砂利」、「緊急ではないが、重要なもの」を「石」、「緊急だが、重要ではないもの」を「砂」、そして「緊急ではないし、重要でもないもの」を「水」とみなします。

砂利、石、砂、水の順番で詰め込むとバケツに入りきりません。同様に砂や水から詰め込んでも入りません。

いちばん優先的にバケツに入れるのは、石です。石の隙間に砂利を入れます。まだ隙間がありますよね。その隙間に砂を入れ、最後に水を入れるのです。つまり、石↓砂利↓砂↓水という順番に入れれば、それぞれが隙間に入り込んで最大量を詰め込むことができる。これが「諸葛孔明のバケツ理論」です。

緊急で重要な仕事を優先すると、勉強は永遠にできないでしょう。

あなたも、せっかく作り出した貴重な30分を、仕事に奪われないようにして、将来の重要な人生逆転の切り札である勉強に使いましょう！

今抱えているプロジェクトは、人生を左右する重要なプロジェクトなのだ。これに成功すると管理職に昇進できる。毎晩徹夜してでも成功させたい。滅多にないチャンスなのだ。ただ、

>>> まとめて30分じゃなくてもOK 細切れ時間を利用する

軌道に乗っている勉強も毎日続けたい。

あなたにも、このような悩みを抱えるときがあるかもしれません。

このような時期は、まとめて30分じゃなくてもいいのです。1日の中の細切れ時間を利用して30分の勉強時間を積み上げていきましょう。

24時間の中には、隙間の時間や細切れ時間がたくさんあります。

朝食ができるまで。電車の待ち時間。通勤途中。営業の待ち時間。お手洗い。昼食ができるまで……。

1分、2分でも積み上げていけば、意外と時間が作れるのです。

ただ、そのとき重要なことは、何をやるか事前に決めておくことです。

細切れ時間は短いので、さて何をやるかと考えているうちに、あっと言う間に時間が過ぎ去ってしまいます。「これをやろう」と決めた瞬間、「池袋〜、池袋に到着しま

～す」と到着駅のアナウンス。何もできずに電車を降りるはめになるのです。

だから、たとえば、あなたが宅地建物取引主任者（宅建）資格の勉強中だとします。1～2分なら○×の問題集、10分あれば民法の理論問題、20分あるけど満員電車だからICレコーダーで録った法令上の制限の問題などと、事前に決めておくのです。

意識的に細切れ時間を作る場合もあります。

儒教と陽明学の巨人と言われる安岡正篤氏。平和が成り立つという意味をこめ「平成」の年号を天皇に上申した方です。

この安岡氏の教えに「三上の読書」があります。

三上とは、枕上、馬上、厠上。今で言うと、寝室、車中、お手洗いです。この三上で1日5分でもいいから読書をしなさいという教えです。どれだけ忙しくても人生において重要である読書の時間を作りなさい。1日5分ずつでも、計15分。年間547 5分は、91時間以上にも及びます。

1冊平均2時間で読みあげると年間45冊以上。10年続けると450冊以上の本を三上で読めることになります。

あなたも、**読書を勉強に変えてチャレンジしてみて下さい。**

次の年号を考案するのは、あなたかもしれません。

また、普段は30分の時間を充分に取れるという人も、ぜひ細切れ時間を利用してみて下さい。

山手線の1駅1駅で理論や単語を覚えるか、ゲームをしたりマンガを読んだりして過ごすかによって、残りの人生が大きく左右されるはずです。

マンガばかりを読んで脇役の人生を送るか、勉強することでマンガの主人公のような人生を送るかは、あなた次第なのです。

≫苦しいから楽しい勉強で人生にアクセントを

上があるから下がある。
横があるから縦がある。
上だけあって下がないなんてありえません。

上という存在があるから、下という存在があるのです。横という存在があるから、縦という存在もあるのです。

同様に、苦しいことがあるから、楽しいこともあるのです。永遠に楽しい、永遠に苦しいは、ありえません。

学生時代、優秀な友達がいました。

朝4時起き。家にはテレビなし。簿記研究会に所属。21歳。社会人ではありません。学生です。

私はと言えば、朝4時に寝ることがあっても起きることはありません。たまに24時間連続で麻雀をして、終わったら爆睡します。起きたときには朝の4時なのか夕方の4時なのか、時計を見ただけでは分からないことはありました。

テレビも観放題。ドラマは大好きで『男女7人夏物語』から『東京ラブストーリー』『101回目のプロポーズ』まで、主要なドラマはすべて押さえていました。大学のサークルには入っていませんでしたが、札幌ススキノで飲み屋のマスターと一緒に「札幌マニアック倶楽部」というグループを結成していました。

こんな正反対の2人ですが不思議とウマが合いました。

その友達と来月飲みに行こうと約束すると、彼はその日をすごく楽しみにするのです。毎日、指折り数えてその日を待ちます。まるでサンタからプレゼントをもらえるのを心待ちにしている子供のように。

私は、ほぼ毎日、飲みまくりの遊びまくり。勉強と言えばゲームセンターでクイズを解くだけ。毎日遊んでいるので、来月の飲み会なんて日常の1コマです。

滅多に飲みに行かない優秀な友達にとっては楽しいことでも、私にとっては普通のことでした。やはり、何か苦しみがないと楽しいとは思えないのです。学生時代、勉強に励みバイトをして学費を稼いでいたなら、たまに行く飲み会が10倍楽しくなっていたことでしょう。

勉強も同じです。

のんべんだらりと毎日を過ごしていたら楽しみを見いだせません。

仕事だけの人生なら、それが普通になってしまいます。

勉強という起爆剤を投入して人生にアクセントを加える。そのことによって早起きしたり、テレビを観る時間を減らしたり、飲み会を断ることもあります。

ひさしぶりに日曜日ゆっくり眠れた。

今日は勉強が終わったから映画を観に行けた。

2回連続飲み会を断ったけれど、今日は行けた……。

勉強によって制約された時間の中から生み出したひととき。

勉強は悪いことではありません。

ちょっとした苦しみが楽しみを作り出すのです。

Chapter 4

How to Change Your Life in 30 minutes: A Guide for 30-somethings

三日坊主と挫折はこうして防ぐ!

勉強の計画を立て、そこから20%削って下さい

さぁ、いよいよ人生逆転劇場の始まりだ〜。

これもやろう、あれもやろう、と燃えています。計画表を作っていろいろ盛り込もうとしています。

たとえば行政書士試験。独学で頑張ろう！　この専門学校から出ているテキストを3回読もう。A社の問題集とB社の問題集を2回ずつ解こう。そうだ、C社の問題集も参考書も気になるな。

だったら残り3カ月。3カ月×30日＝90日。全体を90日で割ると、テキストは1日50ページ、問題は1日10問。土日祝日1日も休まなければ3カ月で終わるな。ようし、頑張ろう……って無理です。

20年ほど前のテレビ番組だったと思います。

黒柳徹子さんがダイエットについて語っていました。**あなたも鼻をつまんで徹子さんのマネをしながら**、以下の「　」の部分をお読み下さい。

「食べ物を買いに行くときは、空腹で行ってはいけませんよ。空腹だと何でもかんでも食べたくなって、買い込んでしまう。そして、食べ物に飢えているので、つい詰め

込んでしまいます」

計画を立てるときも同じです。**計画を立てているときは、いちばん気分が高揚しています。「よしやるぞ」と燃えています。人生逆転の目標に飢えているので、何でもかんでも詰め込んでしまいます。**

なぜなら、**計画を立てるその瞬間がモチベーションのいちばん高い瞬間**だからです。実際、計画を立てている瞬間のモチベーションを維持し続けることができるなら、たいていの目標は達成することができるのです。

しかし現実には、そのモチベーションは徐々に薄れていってしまいます。

結果、やり残してしまう。詰め込みすぎの消化不良。

あなたは毎日調子が良いわけではありません。体調が悪かったり、風邪を引いたり、突然の飲み会だったり、思わぬ残業が入ったり、冠婚葬祭があったりで、計画どおりにはいかないものです。せっかく計画を立てたのに、できない自分への罪悪感でいっぱいになります。

では、どうするか。

まず計画を立てます。**その立てた計画から20％を削るのです。** 空腹時には買い込んでしまうように、高揚感のある計画時には、何でも食べられる、いや、何でもできると詰め込みすぎてしまいます。

一度計画を立てたら、20％をばっさり削ってしまいましょう。私の経験から言うと、20％ぐらい削れば、ちょっと無理すると達成できるぐらいの計画になります。

そして1週間に1日は、空白の日を設けて下さい。

別に無理して休まなくてもいいのですが、その日は敗者復活日です。計画どおりに終わらなかった箇所を補う日にして下さい。私はロスタイムと名づけていました。そのロスタイムがあったからこそ軌道修正ができたのです。

そして、20％削ったところ、計画が簡単に達成できたらどうするか。

追加修正すればいいのです。できなくて修正する計画と、できて修正する計画とでは大違いです。

達成できずに修正するのは、負け犬気分。挫折とストレスを味わうことになります。自分にはやっぱりできないのだという敗北感。

逆に達成できて追加修正するのは、勝ち犬気分です。犬じゃない、俺はもっとデキる人間なのだと自信がつきます。

修正を可能にするために、枠組みと日付はボールペンで、それ以外、つまり何をやるかの項目は鉛筆で記入して下さい。

計画はあくまで予定なのです。その枠に縛られてストレスをためるものではありません。目標を達成するための未来予想図なのです。

忘れるのは当たり前 エビングハウスの忘却曲線

「全然覚えられない」と言う人がいます。

その言葉は、言ってはいけないナンバーワン！　NG大賞が授与されるぐらい言ってはいけない言葉です。

頭の中で思っているだけでも負の感情です。

言葉に出してしまうと、自分の口から言ったことが自分の耳に入り、やっぱり自分は覚えられないのだと負の暗示をかけてしまいます。自分は覚えられないという根拠のない不安が、自ら発信することで確信に変わるのです。自己暗示です。

まるで井戸端会議をするおばさんたちと一緒です。

「先週越してきた前田熱子さん。元ヤンキーみたいなのよ」

目つきが悪いだけで根も葉もない噂を流します。自分の流した噂が光井さんに。光井さんから生田さん、生田さんから新垣さん、そして道重さんに……。

回り回って、噂を流した張本人の耳に入ってきたときには、

「あー、やっぱり。あそこの奥さんはそういう人だったのね！」

と、自分で流した未確定の話なのに確信に変えてしまうのです。

結論を言います。

覚えられなくて当たり前なのです。忘れて当たり前なのです。

「エビングハウスの忘却曲線」というグラフがあります。心理学者のヘルマン・エビングハウスによって作られたグラフです。

これによると、たった1時間で56％のことを忘れ、1日たったら74％のことを忘れると定義づけられています。

1日で約8割忘れてしまうのです。**あなたが忘れてしまうことは当たり前なのです。**誰もが覚えられないのに、あなただけが挫折する必要はありません。忘れるたびに繰り返して何度も何度も覚えればいいだけなのです。

私は専門学校で日商簿記3級の講師をしています。日曜日に2回分の講義を午前と午後に分けて行なうので1日6時間弱のロング講義になります。

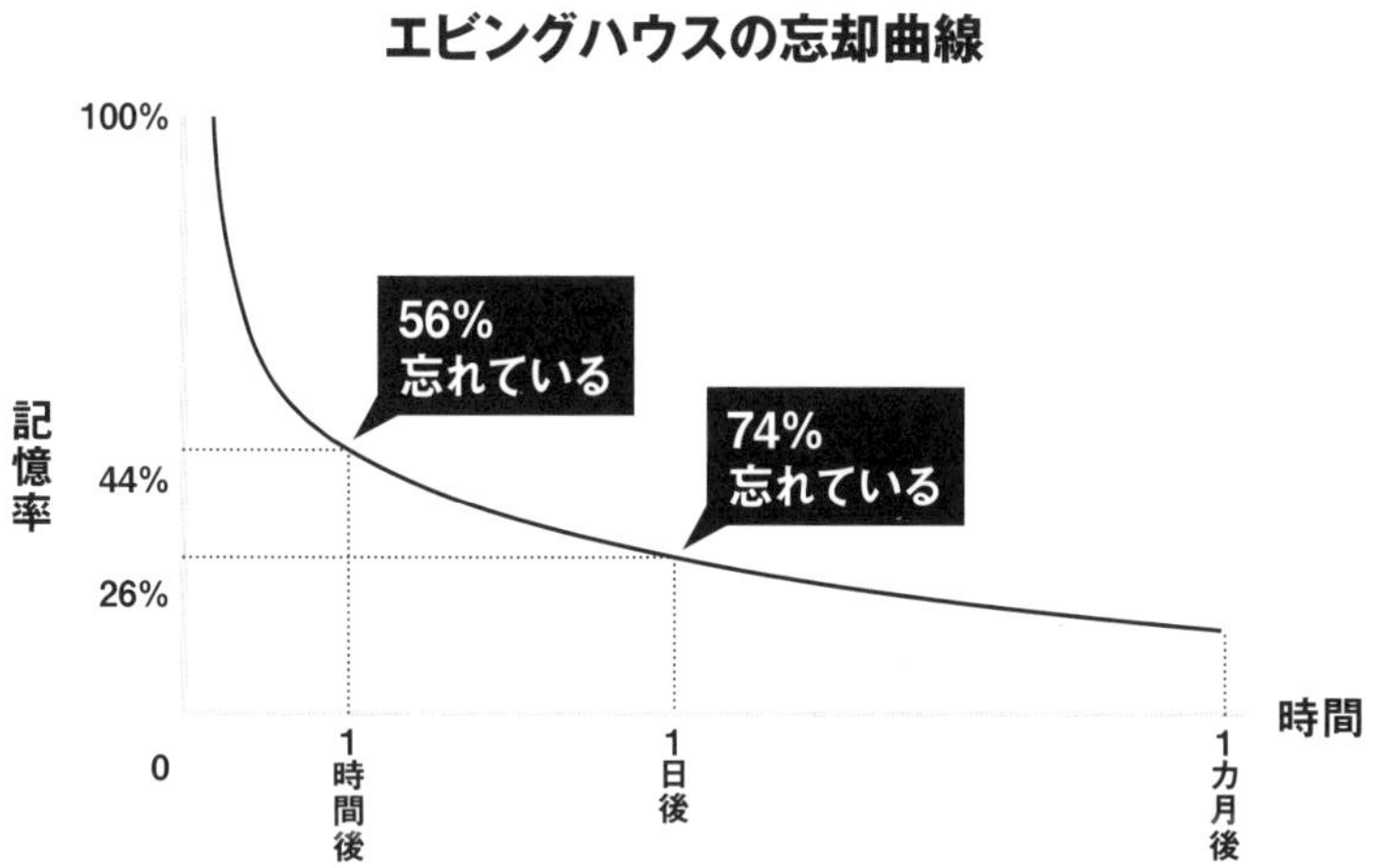

受講生の皆さんも講義を聞くだけで精一杯。初めて聞く言葉や簿記の仕組みのオンパレード。次から次へと忘れてしまいます。

私は第1回の講義でエビングハウスの忘却曲線について解説します。多少、心配にはなるでしょうが「忘れるのは当たり前」ということを理解して頂いているので、不安になることはありません。忘れたら、そのつど覚えればいいからです。

そして、講義が終わる直前の10分間で今日の講義内容のポイントを総復習します。記憶の定着には、すぐに復習するのが効果的だからです。

忘れて当たり前。あなただけではないのです。みんな一緒です。

10回やってダメなら20回。
それでもダメなら100回やればいいだけなのです。

無理すれば逆効果 朝じゃなくてもいいですよ

早起きした朝は充実しています。

澄んだ空気。凛とした雰囲気。スズメのさえずり。カラスのひと鳴き。射しこむ日の光を目撃すれば、今日という日が始まることの第一発見者になれるのです。

勉強もはかどります。

朝の5時。電話も来客もありません。この時間に朝帰りしたらめちゃくちゃ怒られるのに、この時間に起きても、怒る人も不機嫌になる人もいません。

せっかく早起きしたのだから時間を無駄にしないぞ、と使命感もわいてきます。

そして最大のメリットは、「会社に行く時間まで」という究極の期限が与えられること。その期限が、より一層の集中力を生むのです。

こんな素晴らしいことだらけの「早起き」。やらない手はありません。

しかし、激務のサラリーマンであるあなたは多忙な毎日を送っています。毎晩遅くまで残業。残業がない日は接待か、打ち合わせという名の飲み会。1時過ぎに帰宅。2時就寝。眠気との格闘。布団にくるまる何とも言えない幸福感。7時に起きれば間に合う会社。今日は6時に目が覚めました。あと1時間寝ていられる――。左手で持った目覚まし時計を左目だけ開けて覗き込んだときに、まだ6時だと知ったときの幸福感。

この喜びは、「からあげクン(レッド)」を買う予定でローソンに入ったら、からあげ1個サービスデー。しかもショーケースには「からあげクン(レッド)」がたった1つ、あなたを待っていたかのようにたたずんでいる。そのぐらいの喜びです。

さて、ここであなたはどうするか、というのが問題です。

早起きするべきか? ギリギリまで寝ているべきか?

結論を言うと、どちらでも構いません。

子供のころから朝が強くて早起きは苦にならないという方なら、早めに起きて勉強するのが理想です。会社が比較的早く終わるし、今までの生活を見直せば早く寝ることができる。明日から早起きしようと思うならそれでいいのです。

問題は、無理してしまうこと。

毎晩3時に寝て6時起き。すっきりしない頭で30分勉強して出社。会社に着いたらすでに疲れている状態。職場でもミス連発。大事な会議で睡魔と闘い、白目をむいて参加している。いつもまぶたが落ちるのでまぶたに目を書くぞと言われ、「加賀《かが》」という名字なのに「ガガ」と呼ばれるようになる。挙句の果てに、10日間早起きを続けたが、11日目には会社に遅刻するほどの大寝坊……。

起きられないことに自己嫌悪して、同時に勉強までやめてしまう。まさに早起きによる最悪のパターンです。

低血圧で起きられない人もいます。

毎朝不快な気持ちで起きて勉強。少しも楽しくありません。そうすると、唯一のストレス発散だった飲み会も一次会で帰宅。毎朝の不快な気持ちはさらに増し、ますます楽しくありません。

早起きは、あくまで理想と考えましょう。

ストレスを感じてまで無理して起きなくてもいいのです。1日の中で30分を作り出していければいいのです。

たまに早起きしたので今日は朝30分を勉強に。

今日はちょっと早起きしたから10分だけ朝にやって、残りの20分は帰宅してから勉強しよう。

朝じゃなくてもいいのです！

どんなやり方でも、1日30分を作り出して勉強できればそれでいいのです。

テレビだってOK 無駄な時間とは限りません

朝活ブームで焦っていたあなたは、朝じゃなくてもいいことを知ってひと安心。

昨日の夜、ビールのツマミに食べた「からあげクン（レッド）」。今日の朝、食べ残した1個が爪楊枝に刺さったまま、テーブルに放置されている。油で少し黒ずんだ斑点のあるパッケージ。親指と人差し指で爪楊枝を持ち上げながら、少し冷えた「からあげクン」を口の中に放り込む。

モグモグと口を動かしながら、このパッケージのキャラクターは、ニワトリじゃなくて妖精だって昨日の深夜番組でやっていたな〜と物思いにふけりながら新たな朝を迎えます。

テレビがないとこんなに時間が節約できますよという話が、よくビジネス書には載っています。

「毎日1本のドラマを観ると1時間。年間365時間。日数に直すと15日分以上。2時間観なければ、30日以上の時間を節約することになるのです」

などと、テレビがいかに無駄なのかという文面になっています。

でも、テレビはそんなに無駄でしょうか？

確かに、弁護士試験などの国家資格に受かろうと思ったら、テレビを観る時間も削らなければなりません。日商簿記の試験でも、いよいよ1週間後に迫ってきたらテレビを観ている暇などありません。

しかし、激務のサラリーマンからテレビを取り上げてどうなるのか？

仕事から帰って、家族が寝静まったリビングでひっそりと、発泡酒と「からあげクン（レッド）」。テレビをつけて笑いながら食事をしようが、テレビなしで会社であったイヤなことを思い出しながら食事をしようが、1時間を過ごすことには変わりはないのです。時間を節約したことにはなりません。

テレビをつけて、今食べている「からあげクン（レッド）」のパッケージのキャラクターはニワトリじゃなくて実は妖精なんだという驚きネタを仕入れるほうがよっぽど良い。1日の疲れを癒すためにもテレビは見てもいいのです。

そもそも、テレビは良いか悪いかと言えば、悪いという意見が大半を占めています。その原因として、青少年に悪影響を及ぼす、新聞や書籍と比べると受け身になる、時間の無駄である、といった点があげられています。

逆に言うと、これらの問題を解決しさえすればテレビは観てもいいということになりませんか。

まず、青少年に悪影響を及ぼす。検証は省きます。本当に悪影響を及ぼすのかどうか私には分かりません。ただ、あなたが青少年でないことだけは確かです。

次に、新聞や書籍と比べると受け身になる。確かに受け身になります。ただし受け身になる場面で観ればいいのです。

朝の出社準備中。ヒゲを剃りながら本を読むことはできません。歯を磨きながら新聞を読むこともできません。靴下を履くこともワイシャツを着ることもネクタイを結ぶこともできません。唯一これらと同時にできるのはテレビだけなのです。

最後に時間の無駄ですが、受け身な分、テレビはほかのことを行ないながら観られるのが特徴です。

日本でサッカーより野球が流行っていたのは、サッカーだと絶えず集中して観なければならないのに対して、プロ野球はほかのことをやりながらマッタリと観ることができたから。いつも同じパターンの『水戸黄門』が長年人気を集めていたのは、忙しい主婦が途中から観ても話に入っていけたからだと思います。

そもそも、何かをやりながらテレビを観ているので無駄な時間ではないのです。ただし、油断していると長時間観てしまう場合もあります。飽きさせない、消されないように工夫が施されているテレビは消すのが大変なのです。私はテレビの誘惑に勝つために、録画した番組だけを観ていました。また、税理士試験が終わったお盆休みに録画したドラマをまとめて観るのを楽しみにしていました。

そもそも、激務の30代サラリーマンにとって、テレビと向き合えるのは朝の準備時間と帰宅後の晩酌時間ぐらいなのです。主要なことをしている脇で、テレビはひっそりとたたずんでいるだけなのです。

ナポレオンの陣取りゲームで勉強を楽しく

ギリシャ神話に「シーシュポス（シジフォス）の岩」という話があります。

シーシュポスが神の怒りを買い、罰として巨大な岩を山の麓から山頂まで運ぶよう命じられます。やっとの思いで山頂まで岩を運びますが、運んだと同時に岩は重みで転がり落ちてしまいます。彼は山を下りてまた巨大な岩を運ぶのですが、やはり岩は転がり落ちてしまい、それを延々と繰り返すという話です。

また、ロシアの文豪ドストエフスキーの後期の作品『地下室の手記』の中にも同じような話があります。重犯罪人に対する拷問の場面です。

簡単に概要を説明すると、A地点でバケツに土を入れ、B地点に運んでその土を捨てる。B地点で捨てた土をバケツに戻して、A地点に行ってその土を捨てる。A地点で今捨てたばかりの土をバケツに戻して、B地点でその土を捨てる。B地点で捨てた土をバケツに戻して……書いているだけでイヤになりますが、土運びの繰り返し。

どちらの話にも出てくる、果てしなく繰り返される無意味な作業。

目的も達成感も味わえない。毎日が同じ作業の繰り返し。精神に異常をきたすだろうと言われています。

では、これらの行動に、ちょっと趣向を変えてみたらどうでしょう。

名づけて「第1回重犯罪者大運動会」！

マトリョーシカチームとテブラーシカチームに分かれて、「ワイルドだろぉ、バケツに土入れるんだぜぇ競走（さらにツチノコを捕獲できたら500ルーブル）」を開催するのです。

Ａ地点でバケツに土を入れ、Ｂ地点でその土を捨てる。Ｂ地点で捨てた土をバケツに戻して、Ａ地点に行ってその土を捨てる。先にゴールしたチームが勝ち。勝ったチームには、景品としてウオツカ1年分とピロシキお食事券。

今までと何が違うのでしょうか？

同じ作業です。**やっていることはまったく同じ作業なのです。**

一方は気が狂わんばかりの作業だと思うのに対し、もう一方は年に一度の楽しいイベントに早変わりです。

この違いは何か。無意味な行動から意味のある行動に変わったから。目的のない行動から、勝つという目的のある行動に変わったから。達成感のない作業から達成感を味わえる作業に変わったから。そして何よりゲーム感覚で楽しめたから。これらの要素が劇的に人の心を変えたのです。

人生逆転の勉強も同じです。

単純な暗記作業や繰り返しの復習も含まれる勉強に意味を持たせたら、苦痛に思える勉強も楽しくなってきます。

このカベを乗り越えたら司法書士だ。

この試験に受かったら独立だ。

このセミナーで一人前になったら講師デビューだ。

目的を持ち、達成感も満たしたら、三日坊主もロシアの彼方に飛んでいくかもしれません。


さらに、ゲーム感覚で勉強しましょう。

日ごろの苦しい作業を大運動会に変えただけでも大盛り上がりでした。そこにはゲーム的要素が含まれていたからです。

単に土を運ぶのではなく、相手と競って運ぶという競走感覚の楽しみ。もしかしたらツチノコが発見できるかもしれないというウキウキ感。同じやるなら楽しみを見つけたほうが、人生は何倍も楽しくなります。


ここで、手っ取り早くやる気になれるゲームをご紹介します。

名づけて「ナポレオンの陣取りゲーム」。

なぜ今までロシアの話をしていたのにナポレオンかと言うと、単にカッコいいから。

著者の特権です。

ゲームの方法はシンプルです。この章の最初で作った**計画を終わったところから順に色を塗っていく**のです。

達成感が満たされ、さらに征服欲も満たされます。ナポレオンになった気分でやってみて下さい。未開の土地を占領するように、勉強が終わった部分を自分の好きな蛍光ペンで塗ってみる。計画表の白い部分が、日に日に自分の好きな色に染まっていく。それを眺めるだけで占領した土地の地図を見るような征服感に包まれます。

ここで注意して頂きたいのは、色鉛筆で塗らないこと。私も最初は赤鉛筆を使っていましたが、塗るのに時間がかかるのです。マーカーだと時間もかからず、ふた塗りぐらいで終わります。

子供のころ、小児科に行くと頑張ったご褒美に飴をもらえることがありました。緑やオレンジの平べったく丸いべっこう飴。小さい手で白い棒を持ちながら病院帰りに舐めました。白い棒だけになっても味が残っているからずっと舐めていて、しまいには棒がふやけていました。

緑やオレンジの蛍光ペンで塗られた計画表を見ると、小児科でもらった飴を思い出します。ちゃんと勉強を終わらせた人にしか、そのご褒美の色は塗ることができないのです。

30分がダメなら3分だけやってみよう！

人は、ほんの些細なことで、やる気を失って挫折することがあります。

計画を立てた10日前はマックスハイテンションで燃えていた。でも昨日、会社でイヤなことがあった。今日は布団から出たくない。羽毛布団を抱きしめながら寝ていたい。机に向かいたくない。やる気が出ない朝もあります。

20％も計画を削ったのに、それでも全然進まない。自分の計画の立て方が悪かったのか、それとも能力が低いのかと自己嫌悪に陥るときもあります。

まずは片づけてから勉強しよう。めずらしく早起きした快晴の朝。勉強する前に食器を洗おう。考えたら結婚して何年ぶりかの食器洗い。あいつも喜ぶだろうなと、奥さんの顔を思い浮かべながら汚れ物を処理していく。グラスをスポンジで磨きあげた瞬間、洗剤まみれの手からグラスが滑り落ちていく。新婚時代に買ったペアのグラスを割ってしまった。その音で起きた犬に吠えられた。妻には怒られた。日の光が射すキッチンの明るさとは正反対に、暗い気分になることもあります。

社内を颯爽と歩いていたら書類を落とした。ヒラヒラと揺らめきながら落ちていく書類を拾おうと腰を曲げたら、今度はワイシャツの胸ポケットから携帯電話が落ちてしまった。その携帯電話を黒い革靴のつま先で蹴ってしまった。昨日買ったばかりの携帯が傷ついて、自分の心も傷ついてしまった。

会社に行く直前。たまたまチャンネルを変えたら星占いをやっていた。左手でドアノブを回すその瞬間に、ワースト1位の自分の星座が映し出された。回避するためには、紫の服がラッキーアイテムと無理難題を言われ、一気にネガティブな気分になってしまった。

人の気持ちは計画どおりにいかないのです。ほんの些細なことに左右されます。

未来も予想がつきません。

宗教評論家のひろさちやさんも、

「未来のことは誰にも分からない。ただ分からないことだけが、分かっている」

と言っています。

気分よく勉強できる日ばかりとは限らないのです。

今日は勉強したくない。そんな気分のときは無理しないで下さい。

とりあえず3分間だけやってみる。

それが三日坊主を防ぐこと。

そして予定どおりに30分の勉強をするカギにもなるのです。

3分もダメなら「逆三日坊主」でリフレッシュして

たった3分間を続けることに何の意味があるのか。

「3分ぐらいなら、やってもやらなくても同じだろう」


あなたはそう言うかもしれません。

しかし問題は3分間という時間の長さではありません。

勉強を続けたことに意味があるのです。

野球に詳しくない人でも、阪神タイガースに所属する金本知憲選手は、名前ぐらいは聞いたことがあるでしょう。

ファンやマスコミからはアニキ（兄貴）という愛称で親しまれている人気選手です。

間違いなく日本でいちばん多くアニキと呼ばれている人でしょう。キングオブアニキです。ちなみに実際には4人兄弟の末っ子なのだそうですが……。

ただし「無理しないで」の意味は、30分やろうと意気込まないで下さいという意味です。まったくやらないのではありません。

3分だけ勉強をするのです。勉強をするという行為を継続して下さい。

3分はテレビコマーシャルの時間。山手線の各駅間の運行時間。カップラーメンができ上がるまでの時間。決して長くはありません。

最初から30分やろうと思うから気が滅入るのです。

たとえば、今日は3分間だけ目次を読もうと考えるのです。目次に書いてある民法第96条第3項「善意の第三者」で目が止まります。「善意の第三者」って何だっけ。気になるから本文をちょっと覗いてみよう。そうだ、良い人とか悪い人とかいう意味じゃなかったのだ。知っているか知らないかがポイントだったのだ。

じゃあ詐欺のときは！　強迫のときは！　読み始めてみたら調子が出てきてもう少し。さらにもう少し。こうして3分間だけ目次を読もうと思っていたのに、気がついたら30分以上読みふけっている場合もあります。

1問だけ問題を解いてみよう。

間違えノートを3分間だけ見直そう。

まず動く。そのことが思わぬ力を発揮するのです。

30分がダメなら3分だけやってみよう！

人は、ほんの些細なことで、やる気を失って挫折することがあります。

計画を立てた10日前はマックスハイテンションで燃えていた。でも昨日、会社でイヤなことがあった。今日は布団から出たくない。羽毛布団を抱きしめながら寝ていたい。机に向かいたくない。やる気が出ない朝もあります。

20％も計画を削ったのに、それでも全然進まない。自分の計画の立て方が悪かったのか、それとも能力が低いのかと自己嫌悪に陥るときもあります。

まずは片づけてから勉強しよう。めずらしく早起きした快晴の朝。勉強する前に食器を洗おう。考えたら結婚して何年ぶりかの食器洗い。あいつも喜ぶだろうなと、奥さんの顔を思い浮かべながら汚れ物を処理していく。グラスをスポンジで磨きあげた瞬間、洗剤まみれの手からグラスが滑り落ちていく。新婚時代に買ったペアのグラスを割ってしまった。その音で起きた犬に吠えられた。妻には怒られた。日の光が射すキッチンの明るさとは正反対に、暗い気分になることもあります。

社内を颯爽と歩いていたら書類を落とした。ヒラヒラと揺らめきながら落ちていく書類を拾おうと腰を曲げたら、今度はワイシャツの胸ポケットから携帯電話が落ちてしまった。その携帯電話を黒い革靴のつま先で蹴ってしまった。昨日買ったばかりの携帯が傷ついて、自分の心も傷ついてしまった。

会社に行く直前。たまたまチャンネルを変えたら星占いをやっていた。左手でドアノブを回すその瞬間に、ワースト1位の自分の星座が映し出された。回避するためには、紫の服がラッキーアイテムと無理難題を言われ、一気にネガティブな気分になってしまった。

人の気持ちは計画どおりにいかないのです。ほんの些細なことに左右されます。

未来も予想がつきません。

宗教評論家のひろさちやさんも、

「未来のことは誰にも分からない。ただ分からないことだけが、分かっている」

と言っています。

気分よく勉強できる日ばかりとは限らないのです。

今日は勉強したくない。そんな気分のときは無理しないで下さい。

実力も一級品です。右投げ左打ちの打者としては日本プロ野球歴代最多の本塁打を放っています。日本プロ野球の連続試合出場記録では歴代2位となる1766試合の記録を持っています（1位は衣笠祥雄氏の2215試合）。

連続試合出場は、1998年7月10日から2011年4月14日までの間に達成しました。その期間に、2004年には左手首に死球を受け軟骨損傷、2007年には左膝半月板損傷、2010年には右肩上腕部分断裂という、欠場してもおかしくない重傷を何度も負っています。

では、なぜ普通なら欠場するほどのケガを負いながらも、金本選手は連続試合出場記録を打ち立てることができたのか。

それは、途中出場でも試合に出続けたからです。

あなたも、**人生を逆転するために勉強をするのなら、フルイニングの30分でなく途中出場の3分でもいいので、継続して勉強して下さい**。継続が継続を生み、三日坊主を乗り切って勉強という舞台に出場し続けることができるのです。

ただ、そうは言っても、勉強の継続記録が途絶えてしまうこともあります。

友人の結婚式。帰りの電車で勉強しようと思ったのに、学生時代の友人に再会。二次会の会場で新婦の友人とも意気投合。カラオケでオールしてしまった。

身内に不幸があった。急遽、飛行機で実家のある北海道へ。悲しみに暮れていた。この3日間、通夜、葬儀と故人を偲んでいた。

3歳の子供がインフルエンザ。40度近い熱に浮かされている。救急病院に行き付き添いをしていた。

このように、突発的な状況により予定していた勉強ができない場合もあります。そのときは落ち込まないで下さい。**何日かだけ勉強を意図的に中断したのだと思って下さい。逆転の発想で「逆三日坊主」**。つまり、休む日を3日以内と決め、3日休んだら、また勉強を再開するのだと思って下さい。プロ野球で言えばシーズンオフです。リフレッシュに充てて下さい。

今まで3日しか勉強しないで断念したこともありました。そのことを3日坊主と言っていましたが、今度は3日休むほうを3日坊主にしてみて下さい。

さぁ、逆三日坊主も終わって新たな気持ちで勉強を楽しみましょう！

楽しいことだけじゃない本気になってその壁を乗り越えろ！

30分がダメなら3分。3分がダメなら逆三日坊主でリフレッシュ。新たな気持ちで勉強を再開してみて下さいと言いました。

ところが、再開したけれど、またリフレッシュ休暇。1日やってまた3日間のリフレッシュ休暇。会社なら代理休暇も有給休暇も消化して、もう欠勤扱いになっているような状態です。

あなたは今、人生を逆転するために「社内で一目置かれるスペシャリストになる」「好きな会社に転職する」「起業する（セカンドビジネスを含む）」のどれかの道を目指して勉強しています。

スペシャリストになるためにスペイン語の勉強をしているかもしれない。新たに進出するインドについて調べているかもしれない。

転職するために金融の勉強をしているかもしれない。医療事務の勉強をしているかもしれない。

起業するために働きながら税理士の勉強をしているかもしれない。毎週土日に不動産業の研究をしているかもしれない。

何について勉強をしているかは人それぞれですが、あなたが今行なっている勉強は、人生を逆転するための勉強なのです。人生を逆転したあとでも一生付き合っていく勉強なのです。その勉強の中には、イヤな部分、苦しい部分も含まれます。

たとえば、日本一うまいラーメンを作ってお客様の笑顔が見たい。日本を元気にしたい。そのためにラーメン屋を開業したい。それが自分の夢なのだ、人生を逆転させる手段なのだと考えたとします。

でも、ラーメン屋を開業するということは、純粋に美味しいラーメンを作ってお客様の笑顔を見るという楽しいことだけではないのです。

早起きをする。仕込みをする。暑い厨房で働く。片づけ掃除をする。土日も働く。買いつけをする。接客をする。資金繰りを考える。銀行に行く。帳簿を付ける。税金の申告をする……。

さまざまな業務が積み重なってラーメン屋は成り立っているのです。好きなことをするために、苦手な暑さも克服し、サラリーマン時代に友人と毎週日曜日に行っていた釣りも我慢しなければなりません。

好きで始めた仕事でも陽の部分と陰の部分があるのです。

勉強も同じです。楽しいことばかりではありません。苦しいことを乗り越えなければならないときもあるのです。あなたがその勉強を本気でやる気があるのかを、神様に試されているのかもしれません。

47歳の若さでこの世を去ったカーネギーメロン大学のランディ・パウシュ教授。末期ガンで余命3～6カ月と宣告された教授が残した名言が数多くあります。

その中の1つ。私が思わずノートに書き留めた名言です（『最後の授業』武田ランダムハウスジャパン）。

夢をかなえる道のりに
障害が立ちはだかったとき、
僕はいつも自分にこう言い聞かせてきた。

レンガの壁がそこにあるのには、理由がある。
僕たちの行く手を阻むためにあるのではない。
その壁の向こうにある「何か」を
自分がどれほど真剣に望んでいるか、

証明するチャンスを与えているのだ。

あなたが人生逆転の手段として始めた勉強に行き詰まったとき、投げ出しそうになったとき。

ランディ・パウシュ教授の、この名言を読んで考えてみて下さい。

勉強を続けてきた今日のあなたは、昨日のあなたとは違う

三日坊主も挫折も、ともに精神的なものです。簡単に言うと心の持ちよう。「よし、始めるぞ！」と思ったときの、その気持ちを持続していれば起こらない現象です。

ただ、盛り上がった気持ちを持続させるのは難しい。

そこでこの章では、三日坊主と挫折を防ぐ方法をいくつか紹介してきました。

計画の20％を減らす。「忘れて当たり前」だということを知る。ストレスをためて挫折してしまうのを防ぐため、起きられない人は無理して早起きせず、観たいテレビを我慢することもしない。

さらには、勉強をゲーム感覚でやる。挫折しそうになったら、30分ではなく3分だ

けやる。どうしても休んでしまうときは「逆三日坊主」で、3日だけ休んで新たな気持ちで勉強を再開する……。


今日のあなたは、ほんの少しだけでも昨日のあなたと違っています。

30分の勉強はかなりの知識量です。

昨日のあなたとは、少しですが違う人間になっていることを意識して下さい。

そうして1年がたったとき、何もしなかったあなたと、30分の勉強を継続してきたあなたとの間には大きな違いが生まれています。


1日30分の勉強をするか？　しないか？

どちらの道を行くのか？

それがあなたの人生のターニングポイントになるのです。

Chapter 5

How to Change Your Life in 30 minutes: A Guide for 30-somethings

勉強のやり方を間違えていませんか?

＞＞＞貴重な時間を無駄にしてしまう勉強の「やってはいけない」

私が社会人になって最初に取得した資格は、建設業経理事務士4級という資格でした。建設会社に勤務していたので、強制的に取りに行かされた資格です。

9割以上の受験生が受かる簡単な資格試験でしたが、合格したという、喜びが脳内にドーパミンを放出させました。

私の場合、過去に受験勉強をしたと言っても、全員合格の高校と、名前さえ書けば受かる夜間の大学に合格しただけです。4校を受験した昼間の学部の大学はすべて落ち、打ちのめされ、受かる喜びも忘れていたからかもしれません。その上の3級が受かれば処分してよい4級の合格証書を、私は今でも大事に保管しています。

建設業経理事務士の資格はその後、3級、2級、1級と取得しました。並行して日商簿記も受け、3級、2級に合格しました。建設業経理事務士の1級は通信教育。残りはすべて独学でした。

その後さらに専門学校に通って、宅地建物取引主任者（宅建）資格試験に合格。最終的には税理士の資格を取得しました。

また、平成15年から講師として大原簿記学校にも勤めています。今年で9年目を迎え、多くの受講生の方々に教えさせて頂いています。

受講生の共通点は「簿記の資格を取得したい」という、ただそれだけです。

そのために12歳の中学1年生から70歳近い方まで、幅広い年齢層の方々が勉強しています。動機も、就職や転職、会社の指示から、個人事業者の奥様の「経理を知りたい」というお気持ち、自己啓発や趣味までさまざまです。

これまで、たくさんの方が合格してきました。

合格祝賀会での皆さんの笑顔が本当に嬉しいのですが、特に小学校を卒業して7カ月の女の子が日商簿記3級に合格したのが印象に残っています。簿記の簿の字も分からない。実務経験もない。貸し倒れ、不渡りと言ってもイメージがわかない。そんな彼女がなぜ受かったのか。突き詰めると**素直さ**でした。

私は、教わる側と教える側、どちらも経験しています。

教わる側としては、独学、通信教育、専門学校とさまざまな方法で受験勉強をしてきました。

独学や通信教育ではずいぶんと失敗しました。周りに仲間も相談する講師もいないのが主な原因ですが、特に独学では無駄の多いやり方で勉強をしていました。

教える側としても、建設業経理事務士2級や1級、税理士入門などを経て、現在は実質的な簿記のスタートである日商簿記3級を中心に教えさせて頂いています。

生徒さんは資格の勉強は初めてという方ばかりです。効率的な勉強を伝えるまで、私自身の受験生時代と同じように、非効率的な勉強をしている方が大勢います。

15年間にわたる資格取得の勉強。9年目を迎える講師生活。

この中で見えてきた非効率的な勉強方法――。

この章では、勉強の「やってはいけない」というテーマで、**貴重な時間を無駄に使っていないか、時間をかけただけでやった気になっているのではないかなど、やってはいけない間違った勉強方法**を紹介していきます。

美人すぎる3姉妹
その1 綺麗なノート

ネット上では「美人すぎるシリーズ」が流行っています。
美人すぎる市議から始まって、美人すぎる海女、書道家、車掌、歯科医、獣医、日本画家
……確かに美人です。その業界ではありえない美しさが評判を呼んでいます。詳しく

は「美人すぎる」で検索してみて下さい。今じゃないですよ。あとからです。まだ見たことがない人は、その職業と美のギャップに驚くはずです。

しかし、勉強には美しさは必要ありません。

「え〜、30代になって資格の勉強で教室に通っているのに〝美人すぎる受講生〟がいるとダメなの？」

と早とちりさせたらスミマセン。教室に綺麗な女の人がいるのは良いことです。空気が和らぎます。なんか勉強しちゃおうかなという気になります。

何より会社にいたら出会えなかった人と出会えるのです。しかも、あなたが独身だったら……夢は広がります。山下公園で「良い電卓使ってますよね〜。12ケタですか？」と聞いたら不自然です。お台場で「良い六法全書使ってますよね〜。有斐閣ですか？」と聞いても不自然です。しかし教室ではＯＫなのです。

声をかけても不自然じゃない環境。同じジャンルの勉強という共通の志。勉強していることによるあなたへのご褒美だと思って下さい。もちろん既婚者でも今まで知り合うことができなかった人との交流の輪が広がります。

話がだいぶそれましたが、私が言っている「美人すぎるシリーズ」は人ではありません。綺麗なノート、綺麗な単語帳、綺麗な暗記の3姉妹です。

まずは綺麗なノート。サブノートという形でテキストをまとめたり、講義内容をまとめたりする人がいます。

字のうまい人が陥りがちな罠です。特に、「○○ちゃんはノートの取り方が綺麗だね」とか「字がうまいね」と小学校時代に褒められた方に多い罠です。

あっ！　今この文章を書いていて思い出しました。私がまさにそうでした。勉強関係で唯一褒められたのは字がうまいことでした。

末っ子の私には3歳上の姉がいます。小学校低学年のときでした。その姉の歳をいつか抜いて兄になるんだ、お兄ちゃんと呼ばせるんだ、と秘かな野望を抱いていたバカです。先生も褒めるところは字がうまいことぐらいだったのでしょう。

もっと褒められたかった私は、夏休みに国語の教科書をノート4冊に丸写しして提出したのです。

教科書をノートに丸写し！　写経？　修行？　諸行？　無常？

さぁ一体何の意味があったのでしょう。残ったのは自己満足とペンダコ。そして前田先生が4冊目に書いた、いい加減にしてほしい感がありありの「頑張ったね」というコメントだけでした。あの赤いジェルインクで書かれた文字は今でも脳裏に焼きついています。

しかし、今勉強している人の中に、このような綺麗なノートを作っている人が大勢いるのです。税理士試験の最中でも10人に1人はいました。

湯水のように時間があれば、まだいいでしょう。しかし、限られた時間の中に綺麗なノートを作る暇はありません。とにかくサブノートは、やめましょう。テキストの重要箇所に線を引けばサブノートと一緒です。

試験勉強は、書くことが目的ではありません。覚えること、理解することが重要です。そして受かることなのです。貴重な30分を自己満足の芸術的ノート作りに終わらせてはダメなのです。

東大合格生の書いたノートは必ず美しいという趣旨の本が売れましたが、鵜呑みにしないで下さい。**「必ず美しい」は、ありえません。受かった人の中に、たまたま綺麗なノートの人がいた。それだけです。**その人は綺麗なノートを作っても、作らなくても受かる天才だっただけなのです。

ただし、綺麗なノートは不必要ですが、「間違いノート」は必要です。

次から次へと出てくる疑問を暗記できる能力のある人はいません。気になる疑問を頭の片隅に残しながら勉強を先に進めると集中力がそがれます。

間違えた箇所に付箋を貼っても、テキスト、問題集、模擬試験……それぞれに貼っていくと散漫になります。

しかも、付箋は一時的ならいいのですが、1年近く貼っておくと何度もページをめくる度にはがれやすくなり、最悪どこかへいってしまいます。私もカバンの片隅にへなっとなって折れ曲がった黄色い付箋が張りついていたことが何度かありました。

だから、間違えた箇所は1冊のノートにまとめます！

間違いノートの作り方で注意するのは3つだけです。

1つ目は、**充分に余白を取ること**。もともと間違えた箇所なので、あとから補足説明や気づいたことを書き加えたくなります。余白のないノートだとそのコメントが書けません。

2つ目は、**汚い字でもいいので大きな字で書くこと**。大きな字だと読めますが、小さな字だと自分の字でも読めない場合があるからです。

余白は充分に取って大きな字でコメントを書きましょう。

３つ目は、**テキストなどの何ページ目から写したかという出典情報を記入すること**です。面倒がって記入しない人がいますが、絶対に記入して下さい。

間違いノートの良さは、テキスト、問題集、過去問、模擬試験などさまざまな教材の中から、**分からない箇所をその一冊にまとめている**という点です。

間違いノートを何度も繰り返し見ていると、前後の問題は何だったのかなど、気になることが出てきます。そのときに出典情報がないと戻ることができません。ページを記入しておくことによって、スムーズに知りたい箇所に戻れるのです。

それさえ守れば、あとは自分が最低限読める字で殴り書きしていきます。**スピード重視です。**

私は、書き写す時間がもったいないので必要に応じてテキストなどをコピーして「つぎはぎ」しました。使ったペン類も、赤に青にピンクに紫、その場にあったもので書いたので無地のノートがカラフルになりました。名づけて「フランケンシュタインノート」です。

普通の人は、綺麗な人と付き合えたというだけで満足しがちです。それで大部分の目標は達成されます。

綺麗なノートも、作成したというだけで満足しがちです。何の変哲もない美人のように、綺麗に作っただけなので見返す情報もないのです。

性格が好きで付き合うと飽きません。遊園地で遊んで、飲みに行って、一緒にカラオケ。来週は旅行。何度も何度も遊びに行きます。彼女に愛着がわいてきます。

間違いノートも飽きません。自分の足りないところ、弱いところを補ってくれる間違いノート。何度も何度も見返して愛着がわいてきます。試験に受かっても捨てられないのは、決して綺麗とは言えない間違いノートのほうなのです。

美人すぎる3姉妹 その2 綺麗な単語帳

続いて、綺麗なノートの妹分、綺麗な単語帳です。妹分と聞いて、あなたは誰を思い出しますか?

西城秀樹の妹分と言ったら河合奈保子。懐かしいですよね。私は柏原芳恵と区別がつきませんでした。

横浜銀蝿の妹分は、岩井小百合。真っ先にこの人を思い出したなら、あなたはもう立派なアラフォーです。

今ではAKB48、黒木メイサ、EXILE(エグザイル)などの妹分が、ぞくぞくとデビューしています。

ちなみに田原俊彦の妹分は誰だったか覚えていますか？　意外と忘れられていますが松本伊代なんです。トシちゃんのことも伊代ちゃんのことも覚えているけれど、妹分だということは忘れています。

そして学生時代、綺麗に作ったあの単語帳も今では忘れ去られています。

理由はいくつか挙げられます。

単語帳は主に電車の中で力を発揮したアイテムです。コンパクトな単語帳は、満員の電車の中でも勉強しやすいのがメリットでした。しかし、最近ではテキストや問題集もコンパクトです。Ｂ５の半分（Ｂ６）のものも登場しました。これなら単語帳を作らなくても電車で勉強することができます。

さらには、オーディオブックやＭＰ３プレーヤー。両手を使わなくても勉強できる環境になりました。そもそも勉強以前に、電車で携帯をいじったりマンガを読んだりゲームをする人も増えましたが。

このような理由もあり、単語帳はだんだん使われなくなりました。

確かに、綺麗な単語帳を作るのは、綺麗なノートのところでも言いましたが時間の無駄です。

トシちゃんが『金八先生』に出演していた時代、「伊代はまだ16」だった時代には必要でした。電車で見るもの聴くものがなかった時代だからです。今では必要ありません。

しかし、あえてここで単語帳の復活を提案します！

ただし、「綺麗な単語帳」ではありません。「汚い単語帳」です。

汚い単語帳と言っても、先ほどの「フランケンシュタインノート」と同じ意味ではありません。

「汚い単語帳」は、別名**「親子の絆★単語帳」**です。

たとえば、あなたが英語の勉強を始めたとします。

今は国際化の時代です。あなたの会社も外資系企業と合併するかもしれません。部下に外国人がつくかもしれない。上司が外国人の女性かもしれない。10年ぶりの英語。まずは単語力をつけなきゃならない。

ここで登場するのが「親子の絆★単語帳」です。

（姉妹版に「夫婦の絆★単語帳」と「恋人の絆★単語帳」もあるので、よかったら作ってみて下さい。作り方は以下に出てくる「ひろと」を、奥さんや彼女の名前に置き

換えればいいだけです）

では、「親子の絆物語　２０１２夏」でお楽しみ下さい。

「ひろと！　パパも今年から久しぶりに勉強を始めようと思ってるんだ。大好きなホッピーを我慢して将来ハッピーになるために英語を勉強しようと思ってるんだけど、確かひろとも小学校で英語をやってるんだよな」

「うん。去年から学校で習ってるよ」

「お〜！　まい！　ゴッドぅ!!　じゃあパパの1年先輩じゃないか。そんなヤッピーなひろとに頼みがあるんだけど、ひろとはママのお手伝いで洗濯物たたんでいるよな。1枚5円で。ヒッピーなパパのために、単語帳を1枚1円で作ってくれるとラッキーなんだけど？」

「あと30枚たたむとガンプラ買えるんだ！　単語帳作りか〜。その仕事入れると小学生にしてダブルビジネスなんだけど、キッザニア気分で働くかな！」

道徳的な話はおいておくとして、久しぶりの親子の会話です。

共通の話題で、しかも勉強です。

親が家で勉強していると、子供も勉強するというデータがあります。「勉強しなさい」「宿題しなさい」なんて言葉よりも効き目があります。

「子は親の背中を見て育つ」と言うように、近くにいるもっとも信頼できる大人がやっていることです。真似しますよね。

しかも、単語帳というアイテムを使って共同作業を行なう。**休みの日に一緒に単語帳を作る。家族サービスと勉強と子供の教育。一石三鳥です。**

休み明け、満員電車に揺られながら、単語帳を1枚1枚めくります。

子供の書いた幼い字が「パパ頑張って」というメッセージのようにも感じます。なかなか遊んであげられないけれど、いつもお前のこと考えているんだぞと思いながら単語帳を1枚1枚めくっていきます。

Lifeをめくると人生。

Reversalをめくると逆転。

その先にあるのはHappiness（幸福）です。

美人すぎる3姉妹 その3 綺麗な暗記

美人すぎる3姉妹の末っ子、最後に登場するのは綺麗な暗記です。

ドラえもんのポケットから出てくる道具に「アンキパン」があります。

30代のあなたにとって、アンキ（暗記）パンは人気のアイテム。一度は欲しいと思った時期がありましたよね。小中高の試験時期や大学受験。この数式は食べておきたい。この年号は食べておきたい。

試験の前の日なら「何も食べないでアンキパン食べまくるのにな〜」とか、「俺だったらパン1枚にものすごく小さい字で書き写すだろうな〜」とか、絶対ありえないことに無駄な知恵を絞ったことがあるはずです。

大人の階段を上るときに必ず通るアンキパン。

永遠に手に入らないけれど一度は食べたいアンキパン。

いかに多くの人が暗記を苦手にしているか、また面倒がっているかが分かります。

ただでさえ苦手な暗記なのに、間違った暗記、やってはいけない暗記をしている人がいます。

それが、綺麗な暗記です。

綺麗な暗記は末っ子です。名前をアンといいます。

上の2人が積極的な姉、ノートンとタンゴ嬢です。2人に比べてアンは消極的でした。好きな人がいても木の陰から見つめるだけ。話しかけることも、手紙を書くことも、電話をすることもありません。ただひたすら見つめるだけなのです。

暗記するときも消極的です。木の陰から好きな人を見つめるように、テキストを目で追うだけ。好きな人に話しかけられないように、声に出して暗記をしません。手紙のように、書いて覚えることもありません。電話のように、耳で聴くこともありません。ただただ見て暗記するだけ。

そしてアンは一途です。1人の人だけを追い求めます。民法なら民法、英語なら英語。これでは脳が飽きてしまいます。

だから冷めるのも早いのです。次の日にはすっかり民法のことを諦めて刑法にいってしまいます。暗記の基本は繰り返しです。これでは記憶が定着しません。

綺麗な暗記。やってはいけない暗記をまとめます。

- **目で見るだけの暗記**
- **同じ科目だけを続けて暗記**
- **繰り返さない暗記**

これでは、覚えることができません。

では、どうやって暗記をすればいいのか。詳しくは第6章の「あしたのジョー勉強法」で見ていきます。しばらくお待ちください。

以上、美人3姉妹を紹介してきました。

美人3姉妹と言えば、北条司先生の作品『キャッツ♥アイ』があります。喫茶店を経営している3姉妹は、実は怪盗キャッツアイ。予告状を出し、美術品を盗みます。犯人を追う刑事。その刑事と正体を隠して交際を続ける次女の瞳。

アニメ、文庫版、小説、映画、テレビドラマ。大ヒットしました。30代であのレオタード姿の美人3姉妹を見たことのない人はいないはずです。

でも、3人の特徴を覚えていますかと聞くと、綺麗な3姉妹だということは覚えているけれど、あまり覚えていないと言う人がほとんどだと思います。瞳、泪、愛。みんな綺麗すぎて特徴がないのです。

それに比べて、同じ3人組の女性お笑いトリオ「森三中」はどうでしょう。大島、村上、黒沢。皆さん個性的です。決して綺麗とは言えません。むしろブス芸人を売りにしているぐらいですが、3人とも特徴がありすぎてすぐ目に浮かびます。

勉強に綺麗は必要ありません。

30分勉強した気になっても、綺麗なノート作り、綺麗な単語帳作りに時間を費やしたなら、実質3分しか勉強していないのと一緒です。綺麗に暗記しても、覚えられないなら意味がありません。

汚くてもいい。ガムシャラでもいい。

勉強に必要なのは、覚えて理解して自分のものにすることなのです。

あれこれ手を出す非効率的な八方美人の勉強法

またまた北条司先生ですが、『シティーハンター』という作品があります。

こちらも爆発的なヒット。実写映画はジャッキー・チェンが主演。小説やドラマになったほどの人気です。KARAのク・ハラが出演する韓国版ドラマも作られ、2011年5

月から放送されました。

あなたも、一度は観たことがありますよね？　主人公の冴羽獠は、凄腕のスイーパーだが女好き。いろいろな女に手を出そうとする「八方美人」の代表です（ただし表面的には八方美人ですが、槇村香という ヒロインを一途に愛しています）。

受講生にも、八方美人がいます。異性の受講生に次から次へと手を出す人ではありません。通っている専門学校のテキストだけでは不安になって、他校のテキストや市販の参考書まで次から次へと手を出す人です。

ほかの受講生が違う参考書を持っていようものなら、不安になって購入します。勉強の効率も悪いし、おまけに経済的にも悪い方法です。

試験勉強の王道は、1つのテキストを使用する、問題集は1冊1冊解いていく。これが基本です。

専門学校に通っている人なら、テキストは学校で配布されるもののみを使用して下さい。ほかに市販の参考書などは一切不要です。

そのテキストを何度も何度もボロボロになるまで読んでいく。そして進み具合をチェックするために問題集を解く。解答を見て、間違えたら解説を読む。理解できなければ、テキストに戻るか講師に質問する。

テキスト→問題集→解答→解説→間違えたらテキストに戻るか講師に質問。

通常の試験勉強はこのシンプルなやり方の繰り返しでいいのです。

あなたは、激務のサラリーマンです。湯水のように時間があるわけではありません。限られた時間の中で**効率的に勉強しなければなりません。研究者になるわけではないのです。**

1冊のテキストには、合格するのに必要な知識が網羅されています。他校のテキストや市販の参考書にも、合格するのに必要な知識が含まれています。合格するレベルの範囲は重複しているのです。

2冊目以降のテキストや参考書を読んでいる時間は、試験勉強中にはありません。違う視点で書かれているテキストや参考書を読んでも、それは単なる読書です。

そして1冊の問題集を完全に解き終わったら、市販の問題集を買って解いていく。

独学の場合も同じです。これだと思ったテキストや参考書を購入したら、その1冊だけで勉強する。1冊に絞って丸暗記するほど読みこなし、良質の問題を解いていく。それが時間との兼ね合いを考えた最善な方法なのです。

テレビの深夜番組を観ていたときです。

男女の恋愛観の違いを「ファイルの保存」にたとえて、ゲストのモデルさんが次のように言っていました。

「女は、新しい彼氏が現れたら別れた男に上書き保存をする。男は、別れた彼女をフォルダ分けしたがる」

思わず納得する話でしたが、試験勉強でたとえるなら「上書き保存」がテキストで「フォルダ分け」が問題集だと思って下さい。

テキストは1冊、問題集は1冊ずつです。

次は、無謀3兄弟
これでは
勉強の成果は出ません

美人すぎる3姉妹そして八方美人の次は、粗暴で無謀な3兄弟です。

ギリシャ神話に登場する神に、プロメテウスとエピメテウスという兄弟がいます。あなたは、この兄弟の名前を知らなくてもエピメテウスの妻の名前は知っているはずです。その名はパンドラ。そうです。あのパンドラの箱（壺）のパンドラです。

愚かな弟エピメテウスは、兄プロメテウスの忠告を無視してパンドラを妻にしてしまいます。浅はかな妻パンドラは、開けてはならないと言われていた箱（壺）を開け

てしまいます。慌てて閉めますが、箱には希望しか残っていなかったというギリシャ神話です。

プロメテウスは「先に考える人」で弟のエピメテウスは「後で考える人」と言われています。小説などの書籍で、始まりのことをプロローグ、終わりのことをエピローグとも言いますよね。

無謀3兄弟は、まさにエピメテウス。後から考えるイタい兄弟です。

勉強については、先に考えてから手をつけなくてはいけません。

無謀3兄弟その1　無計画野郎

無謀3兄弟の長男は、計画も立てずに思い立ったら突き進む「無計画野郎」です。

試験には、受験日というタイムリミットがあります。毎日どれだけ勉強していても、受験日までに合格点に達しなければ受かりません。

しかも、テキストをじっくり読んで理解する時期、問題集を中心にアウトプットをする時期、模擬試験で客観的に自分の実力を見つめ直して修正する時期など、日程との戦いでもあるのです。**無計画では実力があっても受かりません。**

私の場合、大学受験のときの受験科目は、国語と英語、それに日本史でした。

日本史の受験勉強は、まさに八方美人。この参考書も買おう。この問題集から出るかも。この参考書は誰か持っていたな。いろいろなものに手を出していました。しかも綺麗にサブノートまで作っていました。結果、2月の大学受験までに終わったのは、弥生、飛鳥、奈良、平安、鎌倉、室町、安土桃山、江戸時代まででした。

試験当日、問題用紙を開いてみたら、出題されている時代は、まさかの明治時代。まさかの明治時代。まさかの明治時代です！　先に終わった国語、英語が合格点に達している手ごたえがあっただけに、余計に頭が真っ白になりました。たぶん100点満点中10点ぐらいだったと思います。

無計画に勉強していたので最後までやり終わらず、しかも、勉強していないところからの出題。もちろんその大学は不合格でした。

さらに試験後になって、赤本（大学学部別の過去問が掲載されている本）というものの存在を知り、確認したらその大学の日本史は毎年、明治、大正、昭和初期のローテーションで出題されていたのでした。

計画を立てない試験勉強は、真っ暗な闇の中で勉強しているようなもの。いつ終わるのか、どこまで行けばゴールなのかも分からないのです。

無謀3兄弟その2　ぶっつけ本番野郎

無謀3兄弟の次男は、模擬試験も受けずに本試験に挑む「ぶっつけ本番野郎」です。

あなたが高校の野球部員だとします。

朝は準備運動にランニング、腹筋に腕立てで基礎体力を養います。昼休みにはキャッチボール。午後からは、バッティングマシーンやトスバッティングで日が暮れるまで練習をします。毎日毎日、汗水たらして練習漬けです。

準備万端！　いざ甲子園を目指しての地区大会。結果は残念ながら初戦敗退。

他校と引けを取らない練習量なのに、なぜ残念な結果に終わったのか。それは練習試合という実践を踏んでこなかったからです。連携プレイも本番の緊張感も味わえず、個々の実力があっても力を出し切れずに終わるのです。

資格試験でも同じです。

あなたは普段テキストを読んで理解し、個別の問題を解き、単語や用語の暗記をしています。基本的な学習はできています。日々努力もしています。70点取れば合格する試験で95点分の知識はインプットされています。

ただし、模擬試験を受けていない。まさに「ぶっつけ本番野郎」です。場慣れしていないので極度の緊張。いつもは誰もいない自宅で勉強しているのに、１００人もいる大会場。一斉に問題用紙をめくるバサバサという音に、ズルズルという鼻水の音。思ったより小さな机にA3の問題用紙。**試験には独特の雰囲気があります。その雰囲気に慣れるために受けるのが、模擬試験なのです。**

模擬試験を受けないぶっつけ本番では、合格点を取れる知識を備えていても、本試験では力を出しきれず残念な結果に終わってしまうのです。

無謀3兄弟その3　見直さない野郎

無謀3兄弟の末っ子は、せっかく模擬試験を受けたのに、見直しも解き直しもしない「見直さない野郎」です。見直す大変さから逃げている幼い野郎です。

模擬試験は、各専門学校が長年の経験と独自のデータを基に、今回の本試験で出題される問題を予想して作っているのです。そんなお宝問題を解いたまま放置してはいけません。

仮に模擬試験の得点が50点だったとします。

見直しをしないまま臨んだ本試験で、同じ問題が出題されたらどうでしょうか。同じ問題が出題されたにもかかわらず、見直しをしなかったために、模擬試験と同じ50

点しか取れないのです。それどころか、模擬試験から何日も経過しているので50点未満かもしれません。

確かに、2時間かけて受けた模擬試験をもう一度解くのは骨が折れます。点数が低いほど分からない割合が多いのだから気も滅入ります。しかしここで、もうひと踏ん張り。見直して下さい。

ここで注意してほしいのは、**2時間かけて解き直さなくてもいいということです。1問解いたら解答を見て解説を見る。分からなければ丸暗記をする。見直しただけでもいいのです。**

模擬試験を受けているということは、もう本試験に近づいている時期です。今まで勉強してきて分からなかったのだから、今見直しても分かりません。**とにかく暗記しながら進んで下さい。**頭に残っていた疑問が、あるとき急にひらめいて分かるときがあります。

限られた時間の中で試験に受かる勉強をするためには、分からないところは暗記して進むしかないのです。

模擬試験の見直しは、模擬試験を受けることそのものと同じぐらい重要です。模擬試験を受けたことのある方なら分かると思いますが、その時間はもっとも集中する時間ですよね。普段は長く感じる2時間も、あっという間に過ぎるほど集中しています。

その集中して解いた時間を無駄にしないように、集中しても解けなかった問題は解けるように見直して下さい。模擬試験は、各専門学校が総力を挙げて本試験に出題されると予想した問題なのですから。

全脳をフル回転させなければ人生は変わらない

もう25年以上も前。

ある政治評論家が雑誌の対談で、自分がどうやって英語を話せるようになったかについて次のように語っていました。

「戦後、単身アメリカに渡りました。国際情勢を知り、日本を良くしたかったのです。当時アメリカに渡る日本人は滅多にいませんでした。お金もなかった。そのため着いたらすぐにレストランで皿洗いのバイトを始めました。意思の疎通をしたいのに言葉が通じない。最初は身振り手振りでコミュニケーションを取っていましたが、言葉が話せないのは、やはり死活問題でした。生きるために必死で英語を覚え、1カ月で話せるようになりました。そのあと貯めたお金で学校に行き、国際政治学や経済学を学んだのです」

このような趣旨の話をされていました。

普通、1カ月で外国語を話せるようになるなんてありえません。生きるために必死だった。本気だった。日本を良くしようという使命感に燃えていた。だからこそ彼は、1カ月という短期間で英語を覚えられたのです。

一方、現在の日本では、景気が悪いのでとりあえず子供をアメリカに留学させておこうという親がいます。アメリカに渡った子供は、生活するのに充分な仕送りをもらっています。日本人が集団でいる寮に入り、ネットで必需品を買って生活する。6カ月たっても1年たっても英語を話せるようになるわけがありません。

必死になることもないし本気でもない。ましてや使命感のカケラもないからです。

環境や場所や期間が同じでも、能力に差が出ます。それは、同じことをしていても脳の使い方が違うから。**全脳をフルに回転させて必死に覚える人と、脳を表面だけしか使わない人とでは差が出るのです。**

もう一つ例をあげてみます。

後輩の運転でいつも得意先を回っている。あなたは腕を組んで助手席に座っている。さすが先輩。次の商談の作戦でも練っているのかと後輩は声をかけられない。

あなたは難しい顔で目を閉じたまま考えます。

今日の夜ごはんは何にするかな。マックにしようかな。マックってMの字をマークにしているんだよな〜。M字なんだな。そういえば最近インリン・オブ・ジョイトイ見てないな〜。やっぱりバーミヤンにしようかな。あの看板の桃でかいな〜。英語でビックピーチか〜。そういえば最近リア・ディゾン見てないな〜。

上の空で過ごしているうちに訪問先へ。道なんて覚えた試しがありません。

しかし営業方針が変わりました。来週から一人で外回りをすることになったら、あなたはどうしますか？

いつもと同じ会社から得意先までの道のり。しかし、昨日までと今日とでは**脳の使い方が変わっています。**必死でも本気でもなかった得意先までの道順。今は必死です。全脳をフルに回転させて必死に覚えなければなりません。

環境や場所や期間が同じでも、そして同一人物だとしても、本気になれば人生は変わってくるのです。

テキストを読むときや問題を解くとき、講義を受けるときも一緒です。

漠然と行なうのではなく、この試験で人生が変わると思って必死になって本気になって取り組んで下さい。

合格体験記は、成功談よりも失敗談を参考に

専門学校のパンフレットやネットで紹介されている合格体験記。満面の笑みを浮かべた顔写真とともに合格者の声が掲載されています。あなたがこれから受けようとする試験だったら、

当然、合格者の記事が気になりますよね。

「どんな方法で受かったのかな？」

「どれぐらいの期間で受かったのかな？」

「この人、会社を辞めて受験に専念したのか〜。勝負を賭けたな」

「一発合格だ。すごいな」

「20歳の若さで合格。東大在学中か。どうりで」

「おっ！　この子カワイイ！」

活用の仕方、楽しみ方は、人それぞれです。

ただ、あなたがその試験を受けようと思ったときに参考にするところはどこですか？　いちばん興味があるのは、どういう勉強の方法で試験に受かったのか、成功したのかということです。ここにフォーカスしますよね。

しかし、ここに罠が仕掛けられているのです。

注意してほしいのは、この一点です。

合格体験記は成功談より失敗談。

合格者の成功体験。さまざまな声が記載されています。

「真面目に講義を聞いてノートにまとめたのが勝因です」

――本当にこのような学習をしたから受かったのでしょうか？

前述の「美人すぎる3姉妹」で、綺麗にノートを取ることはやってはいけないことだと説明しました。

テキストには試験に出題されることはたいてい載っています。一冊のノートを作って講義内容を書き写すほどの話はありません。書くならテキストの余白に、その講師の言った特別な話だけを書くべきです。

「講義が終わったあとは、もう一度ＤＶＤで同じ範囲を学習しました」

――講義が終わったあとに同じ講義のＤＶＤを観るのも時間の無駄です。

吉田兼好の『徒然草』にこんな一節があります（『新訂　徒然草』岩波文庫）。

> 或人《あるひと》、弓射《ゆみい》る事を習《なら》ふに、諸矢《もろや》をたばさみて的《まと》に向《むか》ふ。師の云はく、「初心《しょしん》の人、二つの矢を持つ事なかれ。後《のち》の矢を頼《たの》みて、始めの矢に等閑《なほざり》の心あり。毎度《まいど》、たゞ、得失《とくしつ》なく、この一矢《ひとや》に定むべしと思へ」

要約すると、こうなります。

ある人が弓を習いに来ました。そのとき何本かの矢を持って的に向かったのです。それを見て師匠は言いました。「初心者は２本の矢を持つんじゃない。後の矢をあてにするだろ。この１本の矢で命中させると思え」

素晴らしい吉田兼好！『徒然草』は１３３０年ごろにまとめられたという説が主

流です。今から約７００年前。すでに勉強法に通じることを言っています。講義にたとえるなら、ＤＶＤがあるからいいやと無意識に思ってしまうのが良くないということ。この講義が最後の講義だと思って集中して学べということです。

この２例は実際にパンフレットに掲載されていた合格者の声です。この方法で勉強した２人が合格したのは事実です。

ただ、このやり方をやったから受かったのではなくて、実はほかの勉強法もやっていたり、あるいは合格レベルの学習時間の何倍も勉強したから受かったのかもしれません。そもそも、どんなやり方をしても受かる人だったのかもしれないのです。

じゃあ合格体験記は無駄なのか？　そんなことはありません。

合格者の失敗体験に学ぶのです！

合格者の成功体験を真似したからといって合格するとは限りません。ただし合格者が失敗したことは誰がやっても失敗します。

無計画で挑んだ。苦手な問題に時間をかけすぎた。模擬試験を受けなかった。疑問点をそのままにして試験を受けた……など、成功体験とは違って失敗体験は誰がやっても失敗するのです。

ぜひ、**失敗体験から、やってはいけないことを学んでください。**

緊張するのが当たり前緊張している人の中から合格者が出る！

あなたは、どんな試験を受けたことがありますか？

高校受験や大学受験のほかに、英検4級からはじまって簿記や行政書士の資格など1000種類以上ある資格の中から何かは受けたことがあると思います。

緊張した試験も、しなかった試験もあったと思います。

なぜ緊張するか分かりますか？

それは、一生懸命やったからです。

毎晩飲み歩き、休日はゴルフ三昧。いざ試験の日。通信教育で購入したテキストは1日分しかやらなかった。申し込んだ受験料がもったいないから記念受験に来た試験会場。こんなのはもう試験じゃないです。

こんな状況で受けても緊張しないですよね。「はじめ」の号令から5分たったら、頬杖ついて計算用紙に落書きしたり、ペンをクルクル回したりして、1時間たったら出て行くパターンです。

一方、この試験に受かりたい。どうしても宅地建物取引主任者（宅建）の資格を取りたい。資格を取って勤務している不動産会社で高い地位につきたい。遅くまで残業しても眠い目をこすって机に向かった。飲み会も断った。結婚式も欠席した。ゴルフにも行かずに頑張った。

試験当日、こんな状況なら緊張しないわけがありません。

もう一度言います。なぜ、緊張するのか！

一生懸命頑張ったから緊張するのです。1年間いろいろなことを犠牲にして頑張った。この重い思いを今日の2時間の試験にぶつける。答案用紙に吐き出していく。緊張しないわけがありません。

頑張らなかった人は緊張しません。よほど合格率の高い試験でもない限り、勉強しなければ受かりません。**試験会場で緊張している人は、頑張った人。その中から合格者が出るのです。**

逆説的な言い方をすると、**試験会場で緊張していたら、自分も合格圏内に入って**

いると確信して下さい。開き直ってみて下さい。

ただし、ここまで読んでもらったあなたに「開き直って終わりかい」とツッコませるのもイヤなので、「緊張を解くテクニック」と「試験直前に読む魔法の伝言」をプレゼントします。

緊張するのは当たり前。緊張している人の中から合格者が出るという前提で、お話しします。

緊張を解くテクニック1　呼吸

当然、あなたは呼吸をしています。しかし緊張している試験会場では、エベレストの頂上にいるのと同じように空気が薄いのです。

意識的に腹式呼吸をしましょう。大きく息を吸って脳に酸素を送りましょう。

緊張を解くテクニック2　入場曲

あなたは、これから試験会場というリングに上がるのです。気分を高揚させて「俺はできる」と挑んで下さい。格闘家が入場するときには音楽が流れます。同じようにあなたの好きな音楽を聴いて試験という敵をＫＯして下さい。

お勧めは、映画『ロッキー』のテーマ曲、アントニオ猪木「炎のファイター」、**フランス映画『TAXi』（タクシー）のテーマ曲**、映画『ミッション：インポッシブル』のテーマ曲。

どれもユーチューブで確認できます。気分が盛り上がります。個人的には意味の分かる日本語ではなく、感覚に訴える曲がいいと思います。ただし好きなアイドルに応援してほしいとか、この曲なら盛り上がるというものなら日本語でも構いません。基本的にはあなたの気分が高揚すればいいのです。

ちなみに、私は『ＴＡＸｉ』のテーマ曲を、毎朝仕事を始める前に聴いています。『ロッキー』のテーマ曲、アントニオ猪木「炎のファイター」は、尊敬するセミナー講師、箱田忠昭先生がセミナーを始める前に流す音楽です。

緊張を解くテクニック3　落ち着くアイテム

試験前にリラックスするアイテムを作る。子供やペット、奥さんや彼女の写真など。癒されるものなら何でもいいのです。

または、お守りを会場に持参して握りしめるのも効果があります。

緊張を解くテクニック4　チョコっとチョコレート

脳にとって唯一の栄養素がブドウ糖と言われています。米やパンにも含まれていますが、試験直前に弁当箱を広げてごはんを食べるわけにはいきません。

そもそも食べられるぐらい強心臓なら緊張していない証拠です。また試験の直前に食べて腹痛になったり眠くなったりしたら元も子もありません。

ここは、少しの量でも速攻で脳に伝わると言われているチョコをチョコっと食べて挑みましょう（まったくの余談ですが、チョコをチョコっと食べるってネタは女の子が言うと可愛いけど、男が言ってもウケないばかりか不快な顔をされますよね）。

できれば普段から、チョコを食べてから簡単な問題を解く。これを繰り返すことで、チョコを食べる＝問題が解けるという暗示にもなります。

さて、ここまで4つ紹介した「緊張を解くテクニック」の次は、**「試験直前に読む魔法の伝言」**です。

試験を受けるときは、以下の伝言をコピーして試験直前に読んで下さい。注意点の再確認で気分を落ち着けることができます。

・満点を取る必要はない。60点取ればいい。４割は間違えてもいいのだ！
・難しい問題は誰も解けない。自分ができない問題はほかの人もできない！
・完璧を求めるな。合格点を狙え。時間配分に気をつけろ！
・やっていない問題が出ても試験中に後悔するな！

この章の締めくくりとして、それぞれ見ていきましょう。

魔法の伝言1　満点を取る必要はない。60点取ればいい。４割は間違えてもいいのだ！

試験というものは満点を取る必要はありません。合格点を取ればいいのです。

合格点が60点の試験なら60点。４割の40点は間違えてもいいのです。70点の試験なら70点。３割の30点は取れなくてもいいのです。

第１問が解けなくても、たかが2〜4点。まだ36〜38点も間違えられるのです。

難しい箇所に固執しないで次に進もうというメッセージです。

魔法の伝言2　難しい問題は誰も解けない。自分ができない問題はほかの人もできない！

簿記系の試験なら、パチパチぱちぱちとすごいスピードで叩く電卓の音。法律系の試験なら、カリカリガリガリすごい勢いで理論問題に解答する鉛筆の音。

自分以外の受験生はみんなデキると思ってしまう。でも安心して下さい。意外とデキないのです。

電卓を叩くスピードがすごく速い人は、確認のためにもう一度叩く傾向があるため、結局、1回で正確に叩く人と計算時間は一緒。いきなり理論を書き始める人は素読みをしていないし、素早く書いてもキーとなる言葉が入っていない長い文章では配点がされません。

あなたは毎日毎日、合格点を取れるように頑張ってきました。そんなあなたが分からない問題が出たらみんな分かりません。自分ができない問題はほかの人もできないと思って次に進もうというメッセージです。

魔法の伝言3　完璧を求めるな。合格点を狙え。時間配分に気をつけろ！

資格試験と学校教育での試験とでは、決定的に違うところがあります。**資格試験は合格点を取ればいいのに対して、学校教育での試験は１００点に近づくよう１点でも多く取ろうとする試験です。**

長年この学校教育での試験に慣れているあなたは、つい完璧を求めてしまいます。重箱の隅をつつくように最終値を求めたり、難しい問題に対して分かるまで時間をかけたり。資格試験には制限時間があるのです。完璧を求めて時間配分を間違えると、合格点に達する実力がある方でも力を出し切れずに終わります。

合格点と時間配分との兼ね合いを考えて、次に進もうというメッセージです。

魔法の伝言４　やっていない問題が出ても試験中に後悔するな！

やっていない問題が出題された。やっておけばよかったと後悔するのが普通。でも試験時間中には後悔しないで下さい。試験時間は限られています。**懺悔の時間は試験が終わってから好きなだけ作って下さい。**

今は解ける問題を探して解いていく。４割解けなくても受かるのです。やっていない問題が出ても試験中に後悔するなというメッセージです。

Chapter 6

How to Change Your Life in 30 minutes: A Guide for 30-somethings

30分を2倍にも3倍にもする勉強の神7〈セブン〉

いよいよ勉強の神7の登場です！

30代のあなたは、毎日が激務の連続です。残業に次ぐ残業。休日出勤。木曜日は上司と飲み会。土曜日は洗濯に掃除。そして日曜日は子供と公園へ。

30分という時間を作り出すことすら大変だと思い込んでいました。しかし、あなたは第3章を読んで、少なくとも30分は作り出せることが分かりました。

今では30分どころか、40分、いや50分でも作り出せると思っているかもしれません。

その作り出した時間を、どう使っていくのか。それが重要です。

これまで見てきたように、綺麗すぎる三姉妹の美しいノートを、30分の倍の1時間をかけて作っても5分の価値もありません。テレビを見ながら斜め読みしても、30分勉強したうちには入りません。

あなたの作った30分。効率よく集中的に勉強を進め、30分という貴重な時間を無駄なく使っていくことが重要なのです。

そこで登場するのが、自信を持ってお勧めする7つの勉強方法。

名づけて**「勉強の神7〈セブン〉」**です。

勉強の神7、聞いたことがありますか？

「なんとなく聞いたことがあるな～」と思っているあなた、それは残念ながら「AKB48の神7」のほうです。勉強の神7ではないはずです。

勉強の神7は、一部のセミナーなどで私が広めているだけ。まだ世界中のほとんど誰も知りません。だから、誰かに手伝ってもらう必要があります。

そう、あなたです！　この先を読んで頂いたあなたが、職場で、家庭で、アマゾンで、笑笑で、キャバクラで、東武動物公園で、ミクシィで、ツイッターで、フェイスブックで……ぜひ広めて下さい。

7つの神は、1つ1つが最強です。20種類以上ある勉強法の中から、**私が一人で総選挙をして選びました。**

1つの神でも味方につけたら、あなたが作り出した30分は、2倍にも3倍にもなるのです。

それでは、いよいよ神7の登場です!!

期限を決めてやる「ジャック・バウアー勉強法」

最初の勉強の神は「ジャック・バウアー勉強法」です。

あなたがジャック・バウアーを知らない可能性があるので、簡単に説明しておきましょう。

ジャック・バウアーとは、『24―TWENTY FOUR―』というアメリカで放送されていたドラマの主人公です。連邦機関CTU（テロ対策ユニット）に所属。国家のために命を賭けてテロリストと戦う捜査官。1話1時間で全24話。24時間つまり1日の出来事をリアルタイムで進行させる構成になっています。

スリルあり、スピード感あり、裏切りあり、ハラハラドキドキあり。

あぁ～どうしてそんなところにいるんだよ。

いや～早く逃げろって。

うぉ～それはないだろ。

えぇ～お前だったのか。

おぉ～ここで終わりかよー。続きをゲオでまた借りなきゃならないだろ。

「あ・い・う・え・お～」と言ってしまう場面が1時間に10回以上あります。

CTUは実際には存在しない架空の組織ですが、ドラマではCIAの下部組織という設定です。CIAは『ミッション：インポッシブル』のイーサンでさえ侵入するのが難しい組織なのに、CTUには侵入者続出。木造モルタル。情報だだ漏れ。裏切者多数。

社員の半数以上は殺される職場。この会社に就職した時点で、保険会社は契約してくれないだろうな〜と心配してしまうほど労働環境は劣悪です。そもそもタイトルどおり24時間働いている時点で労働基準法違反ですね。

そんな職場でも国家のために日夜戦う正義のヒーロー、それがジャック・バウアーです。

人気の秘密は「分刻み」いや「秒刻み」とも言えるストーリー展開です。

3分以内に爆弾を処理しなければショッピングモールにいる子供たちが危ない。1分以内に大統領を確保しないと、狙撃犯に射殺される。30秒以内にテロリストを捕まえないと核兵器が輸送される。

このように**期限付きでストーリーが**、**どんどんどんどんどん展開**され、ジャック・バウアーが次々と任務を遂行していく。

期限付きで犯罪を阻止していくから燃えるのです。

これが、ついでのときでいいから爆弾処理しておいて、大統領が撃たれたあと、ゆっくり犯人を捜しといて、ほかにも問題山積みだから暇なときにテロリスト捕まえといて……では燃えないのです。

勉強も同じです。

30分以内に総合問題を解こう。10分以内に個別問題を解こう。山手線で各駅に到着するまでに単語を覚えよう。期限を決めて勉強して下さい。

そのとき役に立つのが携帯電話のバイブ機能。会社や電車内の音が鳴らせない環境では大活躍です。

私も建設会社の職場では周りに迷惑がかからないよう、以前使っていた携帯電話2台を駆使して仕事をしています。1台は30分で振動するように設定して、その時間はガムシャラに仕事をする。もう1台は、この申告書の作成は10分で、このメールの返信は5分で終わらせるなど意図的に期限を設けて仕事をしています。

期限があるから燃えるのです。**期限には不思議な力が宿っています。**

いつでもいいから勉強しよう。困ったら勉強しよう。仕事が山積みだから暇なときに勉強しよう。これでは、いつまでたっても勉強はできません。

期限を決めて勉強する。または期限を意図的に作って勉強する。これがジャック・バウアー勉強法なのです。

灰になるまで全力でやる「あしたのジョー勉強法」

最近もジャニーズの山下智久主演で映画化された『あしたのジョー』。もともとは講談社の『週刊少年マガジン』に連載されていたボクシング漫画です。

過去には、テレビアニメ化もされました。また連載中にジョーのライバル力石徹が死んだときには、架空の人物にもかかわらず実際に葬儀が行なわれました。しかも呼びかけたのが寺山修司。漫画、アニメ、映画のみならず、舞台やパチンコ、パチスロ、カップ麺にも登場。コマーシャルも多数。

そして今回、この勉強法にも登場することになりました。

あらすじを言うと、主人公の矢吹ジョーはケンカに明け暮れるアウトローな少年です。犯罪に手を染め少年鑑別所にまで入ったジョーですが、天性のボクシングセンスを見いだした丹下段平やライバル力石徹との出会いで、ボクシングの道へと足を踏み入れていきます。

ボクシングを通して人間的に成長し、ガムシャラでボロボロになりながらも、次から次へと敵を倒していく主人公。当時、多くの若者が感情移入をしながら作品を観ていました。

ガムシャラに敵を倒していくジョーのように、**ガムシャラに勉強をする**。それが「あしたのジョー勉強法」です。

たとえば、テキストを理解するためにどうするか。勉強の仕方は人それぞれフォームが決まっています。

白木さんは、優雅にソファに寝そべって黙読で理解しようとするタイプ。

西さんは、口に出して読んで覚えるタイプ。

力石さんは、携帯プレーヤー、つまり耳で聴くのが得意。

丹下さんは、重要な箇所をノートに書きながら。

サチは、蛍光ペンでラインを引きながら。

どの勉強の方法が正しくて、どれが間違えているというものではありません。ただ、あなたは激務のサラリーマンです。１日に30分しかありません。その30分をどう使うのか。

それこそガムシャラに戦って下さい、いや使って下さい。つまり目で見て、口に出して、耳で聴いて覚えて下さい。ときには線を引いたり書き込んだりして下さい。まるで30分が3分10ラウンドの対戦のように。

次から次へとパンチを繰り出すイメージで、右手、左手、右脳、左脳、読んで、聴いて、書いて、吠えて、線を引いて……いろいろな方向から攻撃を仕掛けて下さい。

また、DVDや携帯プレーヤーを使うときは、1・2倍速や1・4倍速で観たり聴いたりしてみて下さい。慣れるまでは大変ですが、何度目かで慣れてきます。

1・2倍速だと36分、1・4倍速だと42分かけて行なう勉強を30分で行なうことができるようになるのです。

そして、たまにはテーマを決めて勉強してみる。

・あしたのために（その1）止まってはいけない日
・あしたのために（その2）難問にぶち当たる日
・あしたのために（その3）とにかく集中する日
・あしたのために（その4）眠気覚ましに立ったままする日

30分という限られた時間に負荷と目的意識を持ってチャレンジする。

ひと回り大きくなるためにぜひやってみて下さい。

そして、資格試験や会社の昇進試験などが終わったときに**「燃え尽きた〜」**と真っ白になるぐらいガムシャラに勉強して下さい。

良い仲間を作る「なでしこジャパン勉強法」

神7の3番目は「なでしこジャパン勉強法」です。

2011FIFA女子ワールドカップに優勝し、東日本大震災で暗くなっていた日本人の心に明るさを取り戻してくれた「なでしこジャパン」。ただ優勝しただけなら、ここまで盛り上がることはありませんでした。

仕事をしながら練習に励んだ選手たち。ドイツ、スウェーデンなど欧米諸国との圧倒的な体格差をはねのけての決勝進出。決勝ではFIFAランキング1位で、過去の対戦成績は0勝21敗3分けというアメリカと対戦。

逆境の中、最後まで諦めず延長戦残り3分での同点ゴール。そしてPKで勝利しての優勝！　最後まで諦めない「なでしこジャパン」の勇姿に人々は感動し、これから復興に向けて動き出そうとしている日本人の心にオーバーラップしたのです。それがここまで盛り上がった原因でしょう。

そして忘れてはいけない優勝の要因の1つ。

それは、ＰＫに入る前の、なでしこジャパンの笑顔にも象徴されています。

一致団結し、お互いに切磋琢磨し合う「良い仲間」。それなくしては、優勝はありえませんでした。

そうです。「なでしこジャパン勉強法」は、**良い仲間を作ること**なのです。

国家資格である弁護士、公認会計士、税理士など、難しくなればなるほど受験期間は長くなります。独学では厳しいので学校にも通う。

通えば毎回顔を合わせる受講生たち。共通の目的を持って来ている人たちの集まりです。弁護士になりたい人と、レーサーを目指している人、ネイルサロンを開きたい人、Ｐｅｒｆｕｍｅ（パフューム）のチケットを求めて並んでいる人が一同に集まっているわけではないのです。

共通の目的を持った受講生同士の集まりです。いや同志とも言えるでしょう。受講回数を重ね教室で会うたびに挨拶し、雑談そして質問をし合うようになるのです。

しかし慣れてくると、小中学校時代のように、同じクラス内でもグループに分かれてきます。子供のころは、気が合うか合わないかでした。しかし大人になると違う。「デキる仲間」と「デキない仲間」に分かれるのです。資格試験の仲間なら、「受かる仲間」と「落ちる仲間」です。

模擬試験への取り組み方ひとつとっても違います。落ちる仲間は「よし、景気づけに飲みに行こう！」と試験前に飲みに行きます。一方、受かる仲間は「よし、試験が終わったら飲みに行こう！」と試験が終わってから飲みに行きます。さらに言うなら、試験が終わって解き直しをして理解をしたら飲みに行こうとなるのです。

受かるグループは、期限を決めるという「ジャック・バウアー勉強法」と全力で取り組むという「あしたのジョー勉強法」を、どちらも自然に使っているのです。これぐらい落ちるグループとは意識に差があります。

私も受かる仲間に入れてもらっていましたが、くじけそうなときは励まし合い、疑問点があれば質問し合い、出題傾向を予想し合ったりしていました。

それだけでなく、模擬試験ではライバルになって昼飯を賭ける。普段は励まし合っていた仲間が、ときにはライバルになって点数を競い合う。お互いを高め合う存在。

それが良い仲間なのです。

良い仲間と出会うこと。それが自分を高みへと押し上げてくれる近道なのです。

注意してほしいのは、知り合いと仲間は違うということです。

政治家、医者、弁護士……知り合いに社会的地位の高い人がいることが、良い仲間がいるということではありません。むこうも営業です。名刺交換ぐらいはしてくれます。パーティーに出れば知り合いぐらいにはなれるのです。

仲間になるためには、対等に付き合うだけのスキルを身につけなければなりません。相手に必要だと思ってもらえるだけの武器を身につけなければなりません。

確かに、最初は知り合いからスタートです。それから、お互いが必要だと思えるスキルがあれば仲間になれる。仲間の良いところに刺激を受け合える。

仲間という関係を維持するために、自分も専門性を磨く。その努力の循環が良い仲間の連鎖になるのです。そして良い仲間は自分をさらなる高みへと押し上げてくれるのです。

必ず4回フクシュウを「復習するは我にあり勉強法」

私の好きな数字は4です。好きな数字、好きな色……好きになるきっかけは単純なものかもしれません。

小学校低学年のころ、夕方6時から再放送されていた『ルパン三世』が大好きでした。石川という苗字の自分がたまに「ゴエモン」と呼ばれるのも、ルパンの仲間、石川五ェ門からだと思っていました。安土桃山時代の大泥棒、石川五右衛門のことを知ったときには「ルパン三世の五ェ門と一緒だ。マネじゃん」と大笑いしていました。完全に本物とレプリカを取り違えていました。

10歳になる私の息子も、サッカー選手のベッカムを見て、人気アニメ『ペンギンの問題』に出てくるペンギンのベッカムと同じ名前だと大笑いしていました。血は争えないですね。今は7歳の娘が、ビヨンセを見て渡辺直美のマネだと言って大笑いしないことだけを祈っています。

そんな『ルパン三世』が、突然の最終回を迎えました。衝撃的でした。今まで見てきたアニメには、必ず終わりらしい終わりがあったのです。『バビル2世』『デビルマン』『タイガーマスク』『アルプスの少女ハイジ』に『フランダースの犬』……すべて納得できる終わり方でした。

『ルパン三世』は、とっつぁんに捕まるわけでもなく、次元が脱退するわけでもなく、ルパンが不二子ちゃんと結婚するわけでもなく、いきなりの最終回。しかも「明日からは『侍ジャイアンツ』を放送します」のテロップだけ。「サムライ～？」。何か時代劇らしき臭いを感じ、さらにショックを受けました。

ところが、番組が始まると、それ以上にショックでした。『侍ジャイアンツ』がめちゃくちゃ面白いのです。

『侍ジャイアンツ』は、主人公の番場蛮《バンババン》が、巨人のエースとして活躍する野球アニメ。長嶋茂雄や王貞治など実在の人物が多数登場します。

ジャンプして空中から投げる「ハイジャンプ魔球」、硬球なのに握りつぶして投げる「分身魔球」が魅力でした。当時の子供たちは軟式テニスボールを握りつぶして投げたり、トランポリンの上からジャンプして投げたりしてマネをしました。

あなたが今38歳以上なら、子供のころ、軟式テニスボールを握りつぶしていたかもしれません。『侍ジャイアンツ』を思い出せなくても、軟式ボールをぐにゃっと握ったあの感触が手に焼きついていませんか？　しかも手にはゴムくさい臭いが。

前置きが長くなりましたが、その番場蛮がつけていた背番号が「4」なのです。
『ドカベン』の登場人物でいちばん好きだった殿馬一人も背番号は「4」。
小学校のときのマラソン大会も2年連続で学年4位。
「4」が自分のラッキーナンバーになりました。
現在は車のナンバーも4にしています。
勤めている建設会社も4丁目。
社員番号も自分で決めて4番。
野球部の背番号も4番（打順は9番）。
息子も娘も4組です（これは偶然ですが）。
このように、不吉に見える番号も人によっては幸運の番号なのです。
そんな幸運のナンバー4の勉強法は「復習するは我にあり勉強法」です。
何かとっても不吉っぽいですが、フクシュウの字は「復讐」ではなく「復習」です。
受講生の中には、復習について間違えた考え方を持っている人がいます。
2つのケースを挙げます。

1つ目のケースは、まったく復習しない受講生です。

講義終了後に「講義が全然分からない」と言う受講生がいます。朝10時から夕方5時近くまで教壇に立っています。喋りっぱなしの40代。結構ヘロヘロな状態で、最後にこれを言われると一気に疲れが倍増します。あれだけ一生懸命伝えたハズなのに。「何か今日の自分はイケてたな〜」って思っていたのに！

ただ、聞いてみると前回の復習を1分もしていないのです。

簿記は積み重ね方式の勉強なので、前回の講義を理解していないと、次の講義を聴いても分かりません。復習しないで分かったら「超」天才です。

「超」を付けたのは、天才レベルですら復習しないとついていけないからです。復習しないで分かるのは、1000人に1人、いや1万人に1人いるかいないかの「超」天才だけです。しかし、「分からない」と言ってくる方は、頭の良い人とは出来が違うからと、自分を卑下する言葉もセットで必ず言います。

自覚しているわりには「超」天才と同じ振る舞いをしているのです。1分も復習しないで次の講義に出るという「超」天才しかやってはいけない行動をしておいて、自分は天才ではないと言うのです。**「超」天才でもないし、復習もしないのに分からないと言ってしまう不思議。**

2つ目のケースは、センスのある人がやりがちな失敗です。ちゃんと復習をして次の講義に挑みます。講義も理解できています。ただし講義が進むたびに、前々回のことを忘れています。

一度復習しただけで、繰り返し覚えないので忘れてしまい、気づいたときには講義についていけなくなっているケースです。

どちらも復習の仕方を間違えています。

前者は復習をまったくしない人なので復習以前の問題ですが、後者は完全に自分の能力を過信しています。

第4章の「エビングハウスの忘却曲線」のところでも説明したように、人間は忘れる動物なのです。**繰り返し復習しなければ忘れてしまいます。**

では、どうするか。

ラッキーナンバーの4。

4回復習することです。

まず、「もう分かったな」というぐらい勉強したあと、**勉強終了3分前にざっと総**

復習をします。

そして次の日、できれば寝起きにもう一度5分ぐらい復習します。寝起きが無理なら通勤の電車の中でも、朝礼が終わったあとでも構いません。**とにかく2度目の復習は間を置かずに早めにやって下さい。**

3度目の復習は1週間後ぐらいに行ないます。徹底的にやって下さい。ここで記憶があいまいなら、もう一度、1週間後に復習します。これは3度目の復習が完璧ではなかった「追試」なので、4度目には入りません。

4度目は、試験直前に復習します。資格試験の種類にもよりますが、たとえば社会保険労務士試験を受ける人に、試験直前に復習して下さいと言ってもその量は膨大です。この場合は目次を見て出題頻度の高いところ、重大なところ、忘れているところを復習しましょう。

「4回の復習」が何だったのかを、もう一度復習しておきます。

①勉強直後
②次の日（なるべく早く）
③1週間後（自信がなければ再チャレンジで次の週）

④試験直前

ただし、4回にこだわる必要はありません。何度でも納得いくまで復習して下さい。ちなみに『東大家庭教師が教える頭が良くなる勉強法』（中経出版）の著者、吉永賢一氏は、分からなければ300回は繰り返すと言っておられます。

人生は前向きに生きなければなりません。イヤなこと、イヤな人はさっさと忘れて復讐なんて考えないことです。

デール・カーネギーも言っています。

「私たちが敵に憎しみを感じると、むしろ自分自身が敵に支配されることになる。そしてその支配力は私たちの睡眠・食欲・血圧・健康・幸福にまで及んでくる。敵について思い悩み、苦悶し、何とか仕返しの機会をねらっていると知ったら、敵は小躍りして喜ぶであろう！　私たちの憎悪は少しも敵を傷つけないばかりか、かえって私たち自身が、日夜、地獄の苦しみを味わうことになる」

しかし勉強は逆です。前ばかり見ていてはダメです。

新しいことに挑戦したい気持ちは分かります。単調な復習の繰り返しは苦痛です。より新鮮な知識を脳が求めているのも分かります。

ただ、先に進むことばかりに目がいくと、身につきそうな知識も身につかず、今までの苦労が水の泡。苦手な教科、イヤなところも忘れないように、復習を4回はしなければならないのです。

勉強をカラフルにして脳を楽しませる「木村カエラ勉強法」

まず、木村カエラをイメージして下さい。

あなたは、木村カエラにどんなイメージを持っていますか？

確か、瑛太の奥さんだったよな～。

そういえばモデル出身で歌手、CMにも出ている。意外とマルチタレントだよな。

前髪がFUJIWARAの原西と一緒だな～。

……確かにすべて当たっていますが、木村カエラのイメージと言えば、ピンク、エメラルドグリーン、オレンジ、ブルーなどのカラフルな原色です。イメージがわかない人は、「木村カエラ　画像」でネット検索してみて下さい。原色の服を着た、原色の髪をした、原色の靴を履いた木村カエラが多数、目に飛び込んできます。

5番目の神「木村カエラ勉強法」は、色をたくさん使った勉強法です。

今観ているテレビも、昭和40年代前半までは白黒が主流でした。『ローマの休日』

や『カサブランカ』に代表される名作が白黒なのは趣《おもむき》があります。黒澤作品のように昭和の時代を懐かしむ映像としては良いかもしれません。しかしカラーが当たり前になった現在はどうでしょう。

もし白黒だったら、木村カエラの良さも半減します。あの華やかなＣＤジャケット、ウキウキする感覚、楽しげな表情も半減どころか10分の１です。

木村カエラだけではありません。

木村拓哉のカッコよさも、木村太郎のコメントも、ラッシャー木村のマイクパフォーマンスも、白黒だったら色あせます。迫力不足です。木村祐一（キム兄）の作った料理も味気ないものに映るでしょう。

カラーより白黒で目に飛び込んでくる迫力は、実際にテレビから出てくる貞子役の木村多江ぐらいです。

もしテレビに白黒かカラーかを選べる機能が付いていたなら、あなたは間違いなくカラーを選択するはずです。

なのに、なぜ勉強は白いノートに黒いシャープペンシルを使うのでしょうか？

もちろん、試験は決められた答案用紙に黒のシャープペンシルもしくは鉛筆といったルールがあるので仕方がありません。

でも、普段の勉強にルールはないのです。自由です。

私は、勉強は基本的には楽しいと思っていますが、苦しいことも当然たくさんあります。テキストの暗記。飲み会を減らす。テレビも減らす。試験日なので友達の結婚式も欠席。今まで自由だったことが不自由になります。さまざまなことを犠牲にして人生を逆転するために頑張っています。

せめて勉強中の色は自由に使いましょう。それこそいろいろな色を使いましょう。グリーンにピンクにオレンジ……地味な勉強が華やかになってウキウキするイメージが浮かびませんか?

左右の脳にはそれぞれ働きがあります。左脳は分析、計算などの論理的思考。右脳は感覚、イメージなどの直感的能力。レオナルド・ダ・ヴィンチやバッハなど芸術家は右脳の能力がずば抜けていたとも言われています。

また、**左脳は文字を認識し、右脳は色を判断すると言われています。つまり文字を書くのに左脳を使い、原色で書くことで右脳を使うことになるのです。**

あなたは、黒の鉛筆から色付きの鉛筆に持ち変えるだけで全脳を使うことができるのです。そしてガムシャラに勉強する「あしたのジョー勉強法」とコラボして全身全霊全脳を使って30分を勉強してみて下さい！

自分に賞罰を与えて心的飽和を解消する「サルの曲芸勉強法」

今から20年以上前。一世を風靡したサルを覚えていますか？

村崎太郎さんの膝の上に手をおいて反省のポーズをとるあのサルです。

『笑っていいとも』から火がついて、医薬品のコマーシャルで爆発的にヒットしました。今は四代目の次郎が活躍しています。

私は村崎さんの講演を聴きに行き、芸を観させて頂きました。その話の中でいかに彼が次郎に愛情を持って接してきたかが充分すぎるほど伝わってきました。

愛らしくて可愛くて何とも言えない反省のポーズ。当たり前ですが本当に反省しているわけではありません。芸として反省している恰好をしているだけなのです。

そのためには厳しい特訓が必要です。何度も間違え、そのたびに叱りつけ、できたらご褒美。アメとムチを使い分けて一人前に育てていく。愛情なしにはできません。

6番目の神は「サルの曲芸勉強法」。自分に賞罰を与えて勉強する方法です。

次のテストで80点以上だったらＷｉｉ（ウィー）を買ってあげる。学年で10位以内だったらスマホを買ってあげる……。

子供に対してご褒美を与えるのは教育上良くないかもしれません。でも、大人である自分自身に対しては構いません。

どんどんご褒美を与えましょう！　この試験に合格したら少女時代のコンサートに行こう。この模擬テストで80点以上取ったら叙々苑に行こう。

ただし、ご褒美ばかりではそれこそ芸がありません。

完璧にできたらザ・プレミアム・モルツ。8割できたら缶ビール。半分だけなら発泡酒。3割しかできなかったらノンアルコールビール。

次郎の反省じゃありませんが、思いどおりにできなかったらノンアルコールの罰を与え、シラフで反省して下さい。

心理学で「心的飽和」という用語があります。

繰り返し同じ作業を行なうことで飽きが来ることです。最終的には作業をやめてしまう場合もあります。

勉強は、新しい知識の吸収だけではありません。8割は復習です。「復習するは我にあり勉強法」で何度も何度も復習します。

だからこそ、新鮮味がなく飽きが来てしまう復習をどうするか。「サルの曲芸勉強法」でカバーするのです。**賞罰を与え勉強にメリハリを付けること、ゲーム感覚で楽しく勉強をすることで心的飽和を解消して下さい。**

少し前に、『のだめカンタービレ』というドラマが流行りましたよね。

ちょっと似ていますが、あなたは「のためガンバッテーミレ」でいきましょう！

誰かのために頑張るのです。**人は、自分のために頑張れなくても人のためには頑張れたりします。**奥さんのため、彼女のため、子供のため……愛する人のためならすごい力を発揮することがあるのです。

「よし、行政書士の試験に受かったら、仕事と勉強で遊んであげられていない家族のためにスカイツリーに連れて行こう」

これこそが、究極の「サルの曲芸勉強法」なのです。

≫≫≫現状を変えるために、「オバマのチェンジ勉強法」

さぁ、いよいよ最後の勉強法。「オバマのチェンジ勉強法」です。ただのチェンジ勉強法ではありません。オ・バ・マのチェンジ勉強法なのです。

オバマの「オ」は何だと思いますか?

オバマの「オ」それは、オシャレの「オ」なのです。つまりオシャレにチェンジしましょうということです。

勉強は、それ自体単調です。毎回毎回新しいことを覚えるというより、覚えたことを忘れないように繰り返すことのほうがメインです。勉強内容によって若干違いますが、新しいこと20%、繰り返すこと80%ぐらいの割合で勉強します。

アメリカつながりでイチローの言葉を借りると「小さいことを積み重ねるのが、とんでもないところへ行くただひとつの道」なのです。毎日素振りを繰り返し、柔軟体操を繰り返す。黙々と繰り返すことが上達(合格)への唯一の道なのです。

しかし人間どうしても飽きが来ます。

では、どうするか。

勉強内容を変えられないなら、周辺を変えるのです。

勉強の周辺と言えば……そう、筆記用具です。ボールペン、シャープペンシル、消しゴム、電卓、付箋、バインダーノート、定規に筆箱。私も受験生時代はロフトや東急ハンズに行ってオシャレな筆記用具をウキウキしながら選んでいました。

今で言うなら、近藤麻理恵さんの大ベストセラー『人生がときめく　片づけの魔法』（サンマーク出版）に出てくる「ときめき」です。ときめくか、ときめかないかで選ぶのです。近藤さんの片づけ術は、触った瞬間に「ときめき」を感じるかどうかで判断して「ときめくモノ」だけを残します。大好きなモノだけに囲まれた生活をする「こんまり流ときめき整理収納法」。

それに続くのが、ときめく筆記用具を買って大好きな筆記用具に囲まれて勉強をする「いしかず流ときめき筆記用具購入法」です。「いしかず」と呼ばれたことはありませんが。

ただし、30代のあなたが「ときめいたから、この消しゴムを買うのです」と女性店員には言わないで下さい。また「ときめくから、キン肉マン消しゴムを集めたのです」と言うのもダメです。**筆記用具は、実用性も考えましょう。**

各種試験ではボールペンやシャープペンシル、簿記系では電卓も重要になります。ボールペンやシャープペンシルは、書き味が大切です。詳しく分けると5つ。ペンの太さ、重さ、なめらかさ、筆圧、デザインが選ぶポイントになります。人それぞれに好みがあるので、自分に合ったものを選んで下さい。

電卓もこだわりましょう。安い電卓だと白字の数字の部分が消えていきます。高級電卓は、数字が消えないよう刺青のように彫ってあります。０・０１秒でも計算時間が縮まるかどうかは、ボタンで決まります。ボタンの押し戻しが良く連打しやすい電卓がお勧めです。

良いものは、買うとテンションが上がります。せっかく買ったのだから使い切ろう、元を取ろうという気になります。

もし専門学校に通っているなら、若い受講生には高い筆記用具は買えません。ここは**30代のあなたが大人買いをするべき**です。「あの人オシャレだよね～」と20代に言われる数少ないチャンスです。筆記用具ぐらいはオシャレなものにチェンジすることにチャレンジしてみましょう。

続いてオバマの「バ」。

オバマの「バ」は、場所のチェンジです。

毎日同じ机で勉強するのも飽きが来ます。特に自宅では、本、テレビ、ゲームなど気の散るアイテムがたくさんあります。思い切って外に出て、違った場所で勉強してみましょう。

いちばんお勧めは、専門学校の自習室です。**自習室には「勉強する」という共通の志を持った仲間しかいません。**疲れたなと思っても、周りの仲間が勉強していたら、もう少し頑張ろうという気になります。この「もう少し」の積み重ねが大きな力になるのです。

スーパー銭湯のサウナで「あの人とあの人が出るまで自分も出ない」と勝手にライバル視するように、私は資格試験の勉強中、「あの人とあの人が自習室から出たら自分も休憩しよう」と、勝手にライバルを作って頑張りました。

1人はすぐに出たのに、もう1人は2時間、問題の解き直し。知り合いでもないのに「早く休もうよ」と心の中で誘っていました。

ただし、独学で勉強している人は専門学校の自習室を利用できません。代わりになる場所として図書館や公民館などがあります。

こちらも資格試験や大学受験の学生または純粋に本を読みに来た人など志の高い人ばかりです。高校生もやっているのだから自分も頑張ろうという気になります。

でも、図書館や公民館には問題点もあります。

たまに子供が走り回っていたりすることです。走り回っている子供より注意しない親に腹が立ちます。

バカップル高校生が尋常じゃないほどイチャイチャしていることもあります。この世の終わりか？　彼女が明日ネパールに飛び立つのか？　不治の病にかかったのか？　堀辰雄の『麦藁帽子』でも読んだのか？　バカップルに一人ツッコミをして気が散ることになるのです。それを除けば集中できる良い場所です。

そのほか喫茶店やファミレス、ファストフード店などの場所にチェンジするのも刺激があります。

喫茶店という独特の雰囲気。木目調のインテリアの高級喫茶から流れるジャズ。程よい音量は勉強の邪魔になるどころか集中力が増してきます。一杯500円以上するコーヒーを飲みながらテキストを読む。大人なのに大人になった気分です。

落ち着いて勉強できる行きつけの場所を発見するのも喜びです。いろいろな喫茶店に行って試してみましょう。万一、『東京大学物語』や『課長島耕作』が全巻揃っている喫茶店に入ってしまった場合、読みたい誘惑と戦うのも大変ですが……。

また、資格試験を受ける人にとって、本番で力を出し切ることが重要です。

自宅で模擬試験を解くと合格点なのに、学校だと力が発揮できないという人がいます。試験慣れしていない、もっと言えば人馴れしていないことが原因の1つです。

普段は自宅という静かな環境で勉強しているのに、試験当日は3人掛けテーブルを2人で利用します。周りにも人だらけです。紙に書く音やペンを回して落とす音、電卓の音など、自宅で学習しているときにはない雑音とも戦わなければなりません。

その練習としてファミレスやファストフード店は良い練習の場になるでしょう。

公園のベンチも良い場所です。

オシャレなボールペンをイオンで買った帰り道。緑の茂った公園でマイナスイオンを胸いっぱいに吸い込んで勉強します。噴水の音。子供の笑い声。蝉の鳴き声……凛とした静けさより、**心地よい雑音は集中力が増すのです。**

最後に、電車という場所もあります。

欲望という名の電車。いや、勉強という名の電車です。

特に通勤途中は、到着駅までの締め切り効果もあり、集中力が増します。さらに駅ごとにこの条文を覚えるとか、この単語を暗記するなど、細かく締め切りを設定することもできるのです。

私が税理士試験の勉強をしていたころ、法人税という科目の勉強をしている仲間がいました。法人税には計算問題と理論問題があります。理論はほとんど丸暗記です。

自習室での勉強に飽きたり行き詰まったりしたとき、その仲間は「ちょっと理論の旅に出かけてくる」と言って大宮－宇都宮間を往復したり、池袋に行って大宮まで戻ってくるなど電車という限られた場所に自分を追い込み勉強していました（ちゃんと定期券を持っている人です）。今は税理士として活躍しています。

単調になりがちな勉強も、自分の工夫次第で刺激を与えることもできるのです。筆記用具をオシャレにチェンジしました。場所もチェンジしました。

そして最後のチェンジは、あなた自身がチェンジすることです。

勉強の神7の最後、「オバマのチェンジ勉強法」も佳境に入ってきました。最後のチェンジは、オバマの「マ」。

オバマの「マ」は、マギャクの「マ」。真逆にチェンジです。

お忙しい中、ここまで読んで頂き、ありがとうございます。私はほんの少しあなたより年上です。この本を書いている今、44歳になりました。

全員合格の高校を出て、名前さえ書けば受かる学部の大学。しかも留年。バブルの波に乗って就職するも、怒鳴られ妬まれ出世の道も閉ざされた三重苦の20代。忙しくて時間がないという言い訳を繰り返した末に、このまま人生を終わらせたくないと税理士の勉強を始めた30代。現在は3つの仕事に、この本の出版——。

進化論の提唱者であるダーウィンもこのような言葉を残しています。

「もっとも強い者が生き残るのではなく、もっとも賢い者が生き延びるのでもない。唯一生き残ることができるのは、変化できる者である」


現状を変えるために現状を打破しよう！

あなたには勉強しか残されていません。

1日30分の勉強で人生をマギャクにチェンジしてみませんか。

YES WE CAN. あなたならできる。

私にもできました。あなたにもできるのです。私たちはできるのです。

Chapter 7

How to Change Your Life in 30 minutes: A Guide for 30-somethings

実例
私はこうして
人生を逆転させた

24時間年中無休 日本のジャック・バウアー

スカイ・イン・コーポレーション取締役
ラジオパーソナリティ
澤田　覚

この最後の章では、第6章で説明した「勉強の神7〈セブン〉」を実践し、実際に人生を逆転させた7人のストーリーをご紹介します。

これまでに私だけでなく数多くの人々が、勉強することでマイナスの現状から脱出し、成功者になっていきました。

もちろん、あなたにもできます。1日30分の勉強を続ければ、激務の30代サラリーマンであっても、誰にでもできることなのです。

まずは、年商数十億の会社を経営し、イベント企画、集客コンサルティング、営業代行業務などさまざまな事業を展開する澤田覚さん。

個人としても岐阜でラジオのパーソナリティをされており、また右脳教育を考える組織「ＤＹＦモチベーションアカデミー」のメディア広報部・最高責任者として、3年で全国に1万校の寺子屋（社会人塾）を作る目標を掲げて邁進中です。

分刻み、いや秒刻みで忙しい澤田さん。「やると決めて本気で24時間年中無休の精神でやり続ければ必ず成功する」という理念を掲げています。

そんな澤田さん、実は大の『24』ファンです。DVDは全巻所有。携帯電話の待ち受け画面はジャック・バウアーの職場で鳴る着信音と同じ「ププッピドゥー」という音なのです。

澤田さんとジャック・バウアーの共通点、それは期限を決めて行動すること。日ごろ期限を決めて行動している実践事例を教えて頂きました。

やるべきことは必ず紙に書き、期限を明確にして仕事に取り組む

前日の夜、明日以降やるべきことを残らず紙に書き出します。このとき「必ずその日に終わらせる業務」と「2~3日中に終わらせる業務」の2項目に分類します。次に優先順位と時間配分を必ず設定し、ビジュアライズ（映像化）するのです。

あとは終わった用件から好きな色で消していく。どれだけ項目が残っているかが明確に分かるように「見える化」するのです。消す作業が新たな仕事に取り組む意欲を生み、書き出すことで期限が明確になり、業務を遂行するやる気を生むそうです。

期限を決めることで「細切れ時間」さえも有効活用する

期限を決めて行動していれば、細切れ時間さえも有効活用できます。面談の待ち時

間や電車内の移動時間。1日のうちの5分、10分の時間をかき集めると結構な時間になります。1カ月、1年になるとバカにできません。企画を考えたり、打ち合わせの予習など、さまざまなことに活用しているそうです。

期限を守るために「80対20の法則」を活用する

この法則は、ある物事の80％の価値は、20％の部分から生み出されるという考え方です。たとえば、収入の80％は仕事全体の20％の中から生み出される、価値の高い情報の80％は情報収集に費やした時間の20％から得られる、など。

澤田さんの場合、フェイスブックなどを事前に有効活用して、質の高い交流会にだけ参加し、質の高い人脈を確実に広げています。澤田さんにとっての20％は、質の高い交流会であり、その交流会から80％の利益を生み出しているのです。

鞄に「7つ道具」を入れて、期限を守る

絶対必需品は、メモ帳（小さなノート）と3色ボールペンだそうです。気軽に何でも書き留めることのできる「ひらめきノート」が貴重な財産になっています。

また、読みかけの本やｉＰａｄのほかに、挨拶用のハガキなども鞄に入れてありま

す。相手の年齢層に応じて、メールにするかハガキにするかを判断し、感謝の気持ちを送れば、より一層の信頼を得られることになるからです。

インタビューを終え、澤田さんは最後にこうおっしゃいました。

「時代はどんどん進化していますが、事実は1つ。見方はプラスとマイナスの2通りです。どっちを選ぶかで天と地ほど違ってきます。あなたの人生のドラマの主人公は、あなた自身です。最高のパフォーマンス、最高のモチベーションで、勇気を持って立ち向かって下さい」

孤独なサイジョーは、反骨精神で人生を逆転

ヒューマンプロデュース代表
研修総合プロデューサー
西條由貴男

2人目は、年間100本の研修やセミナーを実施する人気講師の西條由貴男さん。温厚な性格と面倒見の良さでリーダー的存在ですが、そんなサイジョーさんにも、あしたのジョー並みの孤独な時期がありました。

約20年前、食品機械メーカーに入社した西條さんは、お荷物部署と噂されていた事務部門に配属されました。転職を考えるまでに意気消沈。しかし何が幸いするか分か

りません。子供のころからのシミュレーションゲーム好きもあり、パソコンを使った数字管理で頭角を現し、全社の販売計画を担当するまでになりました。

10年後。チャンスの神様は西條さんのもとへと訪れます。

ITと業務知識の高さを買われ、コンピュータシステム全体を変革する業務改革プロジェクトの発足メンバーに選ばれたのです。閑職から花形部署へという異例の選出で、さらにその後、リーダーにも大抜擢されました。プロジェクト成功に役立つ知識を備えるため、中小企業診断士の資格にも挑戦するようになりました。

仕事とその仕事に活かすための資格試験に燃えていた西條さん。

しかし、その情熱は長くは続きませんでした。プロジェクト発足から2年。会社の方針が変わったのです。

「これからは30代中心の会社にする」

「独身者は昇進させない」

直後の人事で急激な若返りが断行されました。その波に巻き込まれ、40歳で独身だった西條さんは、目立った失敗もないのにプロジェクトリーダーから解任されることになったのです。出世コースから外れ、一転して窓際へ追いやられました。

自暴自棄になり、プロジェクトのために取得しようとしていた中小企業診断士の受験も断念しようと思いましたが、ここでやめたらすべてが無駄になると自分自身を奮起させ、受験勉強は継続することに決めました。

西條さんは、勉強のモチベーション維持のために「独身★40代で中小企業診断士を目指してますが、何か?」というブログを開設。8カ月で月間3万ヒットの人気ブログへと成長します。

独身の西條さん。仕事も奪われ、残された生きがいは資格取得だけ。生きがいというより何かに打ち込んでいないと精神的におかしくなるような状況でした。

合格者の平均勉強時間が600時間と知り、絶対に合格して人生を逆転しようと思っていたことから「1000時間勉強」という目標を立てました。

この1000時間をエクセルで分解して、年間計画表を作成。この計画表に毎日実績を入力し、レコーディングダイエットと同じ方法で予実管理を行ないました。

結果、受験日までに1030時間達成！　全身全霊で勉強しました。

中小企業診断士の試験は1日で80分の事例を4問解くのですが、これを乗り切るスタミナも必要だと、限界までランニングをするジョーのように、倍の1日8問に挑んだそうです。

白いマットのコーナーに追いやられたジョーが反骨精神で立ち上がるように、勉強中に自分を閑職に追いやった上司たちの顔がよぎることがあり、そのたびに「絶対にこいつらにひと泡吹かせてやる」という思いにかられて勉強に打ち込みました。

合格発表の日。午前中は出社し、午後から早退して発表会場に足を運ぶ予定でした。年賀状を印刷していると、中途入社した20代の女性社員に言われました。

「邪魔だからほかでやって下さい」

プロジェクトリーダーだった自分が「後輩の女性社員にここまで言われるようになったのか」と落胆しました。

そして西條さんは、誰にも告げずに会社を後にしたのです。

会場で受験番号を探すと番号が見つかりました。

「やった！　受かった！」

通常は、このような感情がわき上がってくるのでしょうが、心のどこかに喜びきれない自分がいたそうです。

会社では孤立。独身。親も受験勉強中に他界。一緒に喜んでくれる人は誰もいない。そう思っていた西條さんは、複雑な気持ちのまま帰宅し、いつものように缶ビール片手にパソコンを開き、ブログにログインしました。会場から携帯で合格の記事をアップしていたことを思い出しました。何気なく画面を開くと、

「合格おめでとう！」

「やったね(^O^)」

「おめでとうございます、(^o^)ノ」

「すご〜〜い！　乾杯‼」

40件以上の祝福メッセージで画面がいっぱいになっていました。その日のアクセス数は2900と過去最高。

リアルな世界では孤立していましたが、バーチャルな世界でこれだけの人が応援してくれていたことを知り、パソコンの前で涙が止まらなかったそうです。

合格後、やはり会社には自分の居場所がないと退職した西條さんは、自分を見つめ直し、さらに引っ込み思案の性格を直すために劇団に所属。人前で演技をすることで自分を表現できるようになりました。

そしてTSUTAYA（ツタヤ）が主催する「第1回講師オーディション」に応募し、講師経験ゼロの無謀な挑戦にもかかわらず、奇跡の特別賞受賞。その後、講師の仕事に恵まれ、ビジネス誌の執筆のチャンスも舞い込みました。現在は年間100本

の研修、セミナーを実施。さらに今秋には初の単行本出版も決定しています。

20代の女性社員に「邪魔だからほかでやって下さい」と言われ、抜け殻のように真っ白になってから3年。今考えればあの合格発表の日、西條さんは抜け殻を会社に残して脱皮したのかもしれません。

ポジティブと変顔で仲間を増やす「なでしこ」

柔道整復師　接骨院経営
サロン経営　占い師
アリアケイコ

フェイスブックで友達4000人以上。管理人を務める「ポジな生き方推進委員会」というグループでは国内最大規模の5000人以上の仲間。そのほかのグループでも1000人以上の仲間の管理人を務めるアリアケイコさん。

いつも明るい笑顔と〝変顔〟で、周りにいる仲間をポジティブに変えてしまう彼女が、3人目の実例です。

「変な子ケイ」――小学校時代からアリアさんは、人とは違う着眼点を持っていました。そのため小学生レベルの小学生（当たり前）には、その言動が奇異なものに映り、仲間はずれに。両親共働きで、毎晩遅くまで祖母の家で過ごしていたので、学校でも家庭でも独りぼっちの小学校時代を過ごしていました。

誰かと話すたびに人とは違う言動をするアリアさん。完全孤立していた彼女を救ったのは、小学6年生のときに担任だった先生のひと言でした。

「私、そんなケイコが好きだよ」

初めて認められた。しかも先生という尊敬できる立場の人に。変でもいいんだ。自分らしく生きよう。この言葉が彼女の人生を変えました。

中学校に入り柔道部へ。テニスやバレーが流行っていた時代になぜか柔道部。しかも女子は、たったの1人。男子生徒に混じって練習しました。

やはり人とは違っていたアリアさんですが、小学校のときの先生のひと言が励みになって続けていくことができました。

そんな彼女に引き寄せられるように、女子柔道部の仲間は徐々に増え、いつしか9人に。愛知県大会個人3位、団体戦では県大会優勝、全国大会ベスト16。たった1人で始めた柔道が強豪校の仲間入りを果たしました。

このころから「変な子ケイイ」はカリスマ性を持った個性的な女の子に変わっていったのかもしれません。

柔道整復師として接骨院を開業しているアリアさん。予約がすぐいっぱいになるほど高齢者の方たちが集まります。その人気の理由はアリアさんの施術の腕……よりも、実は〝変顔〟にあるそうです。

ブログやフェイスブックでも変顔で投稿することが多い彼女。小池栄子ばりの新幹線顔。宮川大輔ばりのシシャモ顔。アルパカばりのアルパカ顔。

しかしそこには、ちゃんとしたワケがあったのです。そのワケをブログで偶然知って感動しました。

以下、アリアさんのブログから一部抜粋します。

なぜ変顔が好きなのか?

一応ワケがあるのです。

私は高齢者のリハビリをやっていました。

高齢者の方にリハビリ前に変顔をみせると
全く表情が出ない、感情が出にくい
たくさんの笑わないおじいちゃん、おばあちゃんたちが
本当にうれしそうに元気に笑ってくれるのです。

1日で本当に体調がガラリと良くなる。
高齢者の方々も、私のことを忘れてしまっても
変顔を見せると思い出してくれる。
全く反応が無くなって……と身内の方が心配していても
変顔をみせると嬉しそうに笑ってくれる！
それが嬉しくて
だから、やめられないとまらない変顔でした。
変顔1つで、誰か1人でも元気に出来るなら
これが私の最高の幸せなんです!!

彼女が変顔をすることで、リハビリ中の老人たちが笑顔になる。笑顔で輝く老人を見て家族も喜ぶ。みんなが幸せな気分を味わえる。そしてその一瞬でも輝いている姿

を見ることが彼女自身の幸せにもつながっているのです。

今は接骨院に留まらず、サロン経営や占い、セミナー講師などもやっており、全国を元気にすべく活動をしているアリアさん。

そんな彼女の周りには、老若男女問わずたくさんの仲間たちが集まってきます。すごいチームワークで何かあるたびにアリアさんを支え、知恵を出し合い、ともに活動しています。

中学校時代から今に至るまで、なでしこジャパンのように良い仲間を作ることで、アリアさんはますます輝き、その活動の幅を広げてきたのです。

復習で暗闇を抜け、税理士試験に合格！

中村税務会計事務所所長
株式会社マネスト代表取締役
中村裕司

4人目は、税理士の中村裕司さん。平均年齢59歳と言われている税理士業界において、32歳の若さで独立開業。大手専門学校での講師経験で養われたその説明能力は、顧問先の経営者からも分かりやすいと評判です。

設立した会社は、毎年増収増益記録を更新。加えて沢村一樹似の甘いマスク（中村税務会計事務所のホームページで確認して下さい）と、完璧に見える中村さんですが、

20代には大変な苦労をしました。

大学生だった中村さんは、毎日が退屈な日々の連続でした。期待して入った大学ですが、得るものは何もない。実務とかけ離れた学問。モチベーションの低い学生たち。大学生活は魅力のカケラもありませんでした。

そうして中村さんは、2年で大学を中退。

と同時に、日本のシステムでは新卒採用がメインで中退者には厳しいことを分かっていたため、民間企業に就職しなくてもよい税理士の道を目指したのです。


税理士試験は、簿記論と財務諸表論の会計科目2科目と、法人税法、所得税法などの税法科目の中から3科目、合計5科目に合格して資格取得となります。1年で1科目受けようが5科目受けようが自由。一度合格した科目は永久に免除されます。

中村さんは、受験資格を得るための日商簿記1級の勉強からスタート。通常1年以上の勉強、合格率10%台という難関試験にもかかわらず、6カ月の受験勉強で合格しました。さらに税理士試験の会計科目である簿記論、財務諸表論を受験。どちらも日商簿記1級を上回る難関ですが、こちらも初年度で2科目とも合格したのです。

「楽勝だな。このままいくと20代で独立開業できるな～」

中村さんに油断とおごりが生まれた瞬間でした。

2年目を迎えた8月の試験。税法2科目受験。合格科目なし。

そこから長いトンネルに突入します。

3年目も4年目も合格科目なし。

5年連続合格科目なし。

残り3科目で税理士ですが、何年受けても合格できません。

もうすぐ30代。毎年不合格通知が届くたびに、あのころのおごりが、不安と焦りの気持ちに塗り替わっていくのです。

大学を中退して勝負した1年間。日商簿記1級、簿記論、財務諸表論に合格したときは、ずいぶんと同年代が子供に見えました。今は逆に、正社員として就職していく元同級生を見るたびに、自分が子供のまま取り残されていく気がするのです。

「失われた10年」という言葉が流行りました。まさに今の自分がそうではないか。20代という可能性を高めるはずの時期を、バイトと毎年同じ勉強で終えるのか。

トンネルは、真っ暗でも遠い先に光があるから進めます。

出口の見えない真っ暗闇のトンネルの中で希望という光を失いかけた中村さん。

もう税理士試験を諦め、就職が比較的しやすい20代のうちに民間企業の面接を受けようかと弱音を吐きたい気分になりました。

ただ、もう一度、本当にもう一度だけ。諦める前に、冷静になって自分の強みと弱みを分析してみることにしたそうです。

それで分かったことは、会計科目の勉強方法と税法科目の勉強方法は違うということ。最初に成功したばかりに勉強スタイルを変えていなかったのです。

会計科目は理解重視。理解できたら問題を解いていく。その繰り返し。

税法科目は暗記重視。圧倒的な暗記量を誇った者こそ受かる確率が高くなるのです。

そこで、今までと勉強方法を変え、暗記中心に切り替えました。

講義を受け終わったあと、すぐに復習し、理解したら暗記。その日の夜に暗記した理論を黙読してから就寝。起きてすぐに、昨日の理論を覚えているかを紙に書いてチェック。1週間後にまた1週間分を総復習。

さらに、1カ月に1回ある模擬試験前にも暗記して、試験が終わったあとも出題された理論を復習。電車やトイレや食事の合間でも、絶えず理論のテキストを持ち歩き眺めていました。携帯プレーヤーでも、大好きな尾崎豊を封印し税法の理論を聴くよう徹底しました。

失われた20代を取り戻すべく、復習！　復習！　復習の鬼と化したのです。

結果、2年で法律科目3科目を取得し、税理士試験合格者の仲間入りを果たしました。復習するは我にあり。受験地獄のトンネルを抜け出して独立開業できたのは、復習を中心とした勉強法に変えたからなのでした。

色の視覚効果を駆使し、スペシャリストとして貢献

株式会社横浜住販（THR住宅流通グループ）
WEBチーフディレクター
高橋ともえ

木村カエラは歌手、タレント、ファッションモデルとマルチな女性ですが、ここで登場する高橋ともえさんも、仕事においてマルチな活動をしています。勤務先企業のホームページの企画、制作、WEBデザイン、SEO対策など、通常4人体制で行なう仕事をすべて1人でこなしているスーパー才女なのです。

以前の高橋さんは、色について特に興味は持っていませんでした。洋服も化粧品もそれ自体が可愛いから衝動買いをする。結果的に買った小物の色がピンクだったり、バッグが黄色だったり。この色だから購入するということはありませんでした。

色に興味を持ったのは、今の会社に就職した10年前。

コーポレートカラー（会社のシンボルカラー）という、組織を象徴する色の存在を

知ったのがキッカケです。

横浜住販の当時のコーポレートカラーは、青と緑。この2色を織り交ぜて社旗、看板、名刺、ホームページの色などを統一していました。

青色の意味は、冷静、大人、聡明。冷静に世の中を見渡せる能力。

緑色の意味は、協調、育成、大成。人に愛され好かれている状態。

色にはそれぞれ意味があるのだと、興味を持つキッカケになりました。

横浜住販に中途採用で入社した高橋さんは、当時、何社も不採用になり自信を失いかけていました。だから自分を採用してくれた会社に恩義を感じていました。

仕事で恩返ししよう。そして早く横浜住販の一員になろう。高橋さんはあるアイデアを思いつきます。筆記用具、電卓、小物、香水、アクセサリーなど、身の回りのモノをすべて青色と緑色のモノに買い替えたのです。

会社のシンボルカラーと同じ色に溶け込んだ高橋さん。色の持つ不思議な力。今まで人付き合いの苦手だった高橋さんが、前からいる社員のように、違和感なく迎え入れられたのでした。

不思議なものでカタチ（色）から入ると、気持ちまでそのイメージに染まってポジティブになれるのです。すっかり色のとりこになった高橋さんは、その後も色についての研究を重ねていきました。

高橋さんが入社して3年目の春。組織改革があり、「鬼の営業次長」との異名があった杉山忍氏が社長に就任しました。

杉山新社長は、20年間使っていたコーポレートカラーである青と緑を捨て、斬新なイメージでの戦略を打ち出しました。

青や緑の壮大さは、建設業界や不動産業界ならではのイメージです。イメージどおりですが、同業他社との差別化ができないのです。

「箱」ではなく、「人」にフォーカスする。ホームページも一新し、スタッフ1人1人を全面に出す戦略に切り替えました。

ホームページの企画、制作、WEBデザインのすべてを担当しているのは高橋さんです。仕事で社長に恩返しができるチャンス。そして趣味で続けていた色の研究を役立てることができる！　そう考えた高橋さんは、スタッフ1人1人の持つ個性をテーマカラーとして表現し、ホームページに温かみを出しました。

何を売るのかではなく、誰の手によって届けられるか。今でこそ「小野田さんの作ったリンゴ」「大谷さんの育てたイチゴ」など人を前面に出す戦略が流行っていますが、離職率が高かった当時の不動産業界では、ありえない斬新なアイデアでした。

物件を探しにいらっしゃるお客様に対して「誰が売っているか」を表現することで、神奈川県内トップの不動産会社を目指そうとしたのです。

・情報収集力に優れアイデアマンの伊藤さんは黄色
・社交的でつながりを持ちたくなる秋山さんはオレンジ
・愛されキャラの宮里さんはピンク
・人を癒す力のある平野さんは紺
・落ち着いている杉山社長は黒

顔の見えるホームページ、そしてテーマカラーによるイメージ戦略。

横浜は日本一の不動産売買の激戦区です。その横浜を含む神奈川県の不動産会社で、SEO対策1位になりました。ネットで「横浜　不動産」で検索してみると、トップに横浜住販が出てくるようになったのです。

色の不思議な力を駆使して、社内でスペシャリストになった高橋さん。これもまた、人生逆転のストーリーです。

自分に賞罰を与え、震災後の逆境を乗り切る

営業・集客コンサルタント
マイルストーン・コンサルティング代表
太田光則

その日、福島県郡山市の公立中学校は卒業式でした。

昼過ぎ、街は早めに下校した卒業生やその保護者たちで賑わっていました。卒業証書の入った丸筒や花束を持った明るい笑顔の卒業生。着飾った母親。早めの下校で喜ぶ下級生たち。微笑ましい光景を、太田光則さんは赤信号で停車中の車内から眺めていました。

そこへ、いきなり車が揺れ始め、太田さんは「強い風だなあ！」と感じます。

その揺れが徐々に大きくなり、信号機や電線が大きく揺れ始める。「ただ事ではない」と感じるまでに、時間はさほどかかりませんでした。

2011年3月11日14時46分　東北地方太平洋沖地震発生。

太田さんが感じた揺れは震度6強。生まれて初めての強烈な揺れです。3段階くらいにわたって、揺れは強さを増していきました。信号はすでに青に変わっていました

が、太田さんを含め、人も自転車も自動車も身動きできません。車が左右に揺れ片側のタイヤが浮いているのを感じました。

子供を抱きしめて守ろうとする母親。恐怖に泣き叫ぶ子供たち。

車から流れるＦＭラジオの声。

「大地震発生です。まず我が身を守って下さい！」

「大地震発生です。まず我が身を守って下さい！」

「大地震発生です。まず我が身を守って下さい！」

重要だから連呼するのか、ほかに言葉が見つからないから連呼するのか。普段の温和なパーソナリティの声とは違う、甲高くも震える声が車中に響きわたりました。

揺れが落ち着き、路肩に止めていた車を動かす。いつも通る道なのに、いつもと違う風景が広がっていました。店の電気は消え、信号も停止状態。住宅の屋根瓦が崩れ落ち、道路に散乱。瓦は大きく二つに割れ、衝撃で砂埃が舞っている。塀は倒れ、電柱は曲がりくねった状態。

一瞬。ほんの一瞬でここまで変わってしまうのか。

渋滞している車の中から惨状を眺める太田さん。ハンドルを握る手が恐怖で震えたそうです。

ここで紹介する太田さんは、東日本大震災で被害に遭いました。しかも、原発という重い問題を引きずったままの福島県です。さらには、太田さん自身、実は重い問題を抱えていました。

地震の1カ月前、長年勤めていた保険会社に退職することを告げたばかりだったのです。独立して営業コンサルタントとして自分の営業ノウハウを広めたい。夢を実現すべく、学生たちよりひと足早い卒業。3月から本格始動する予定でした。

その矢先の大震災だったのです。

地震から3カ月たっても、余震に脅え、家族全員で一カ所に寝ている状態。枕の横には避難用具が詰まったリュック。日々の生活に精一杯で仕事まで手が回らない。サラリーマン時代なら有給、代休扱いにすれば給料が支給されていたのに、独立した今は誰も保護してくれません。新会社も設立できないまま毎日が過ぎていきました。

自宅の掃除をしながら、太田さんは、会社を辞めた後悔と先行き不安な気持ちで胸がいっぱいになっていました。

そんなとき、外から娘の叫び声。

「パパー」「パパー」

何ごとかと思い、慌てて外に飛び出しました。

すると震災前から娘が育てていた「あさがお」が立派に育っていたのです。娘の喜ぶ顔。久々に見る家族の笑顔。震災以後、苦しみや悲しみの感情しかわいてこなかった中での、ささやかな幸せ。

考えたら命がある。家族も無事。この「あさがお」のように、どんな逆境でも頑張ってきたじゃないか。

今までの仕事だって大変だった。

自分でノルマを設定して、1日100件の飛び込み営業。3件と商談。雨の日も風の日も、どんな日も何も考えずに行動を続けてきた。その結果2日に1件のペースで契約に結びついていた。

会社からは特別ボーナスに海外旅行。契約を取るたびに与えられるご褒美。モチベーションも上がっていた。契約が取れないときには怒号に罵声。なにくそという気持ちで頑張れた。会社から賞罰を与えられることで頑張ってきた。

いつまでも下を向いているわけにはいかない。

あのときのように、今度は、自分で自分に賞罰を与えて頑張っていこう。

そして8月、太田さんはついに会社を設立します。

その日以来、何も考えずに行動を続け、契約が取れたら子供に何かプレゼント。仕事がはかどらない日はノンアルコールビールで我慢。もう一人の自分が、自分をときには褒め、ときには叱るイメージでメリハリをつけて仕事をしたと言います。

太田さんは、私の以前からの親友です。

震災後3週間ほど連絡が取れず、悪い予感が何度も頭の中を駆け巡りました。太田さんから「家族全員無事」という連絡をもらったときは安堵しましたが、退職することを知っていたのでこの先どうするのかと心配していました。

震災から1年たった今。

顧客は法人6件、個人事業者6件。毎月、郡山でセミナーも開催しています。

震災前には、独立したら1年で10件の顧問先を開拓することが目標だったそうですが、何もかも失った太田さんは、逆境を乗り越え、当初掲げていた目標を上回る顧問先を開拓したのです。

福島の企業は震災の影響でコンサルティングを頼む余裕もないと推測していただけに驚きました。自分に甘えることなく、言い訳することなく、自分に賞罰を与えて契約を結んでいくプロフェッショナルぶり。見事としか言いようがありません。

ケガで料理人を辞め、チェンジ勉強法で大逆転！

i&R株式会社COMPANY
有限会社impress design labなど5社経営
吉田英男

最後に登場する吉田英男さんは、45歳にしてIT関連など5つの会社を経営する成功者です。京都にあるご自宅のほか、品川、海外にも別荘を構え、今年は俳優として映画デビューも予定されています。

一見、順風満帆なようですが、実際は壮絶な人生を歩んできました。そしてこの吉田さんも、まさに勉強によって人生を逆転した人物なのです。

中学卒業前の最後の冬。吉田さんは悩んでいました。高校ぐらいは卒業するべきか、それとも大嫌いな勉強のない世界で人生の勝負を賭けるか。

悩んだ吉田少年。下した決断は調理師になることでした。勉強ではトップになれないけれど、料理の世界でトップになってやる。そう決断したのです。

決断は当たりました。もともと料理を作ることが大好きだった吉田さんは、メキメキと頭角を現し、料理の世界ではちょっとした有名人になりました。高校なんて行かなくて正解だった。大嫌いな勉強も一生しないですむ。10代の若さで本場フランスへ修業に渡り、大好きな料理に囲まれた生活。こんな幸せなことはない。

しかし、そんな幸せも長くは続きませんでした。ある日、腰に激痛が……。立ち仕事の吉田さんにとっては致命傷です。日に日に悪化する腰の痛みと戦っていましたが、ついに文字どおり重い腰を上げて病院へ。診断結果は「椎間板ヘルニア」でした。

このまま痛い腰で調理場には立てないと判断した吉田さんは、日本に戻って手術することを決意します。手術は無事成功。あとは腰の筋肉が固まるまでの10日間、テーピングをして絶対安静。ベッドに寝て療養していれば「完治する予定」でした。

完治する予定！　そう、予定だったのです。

「腰の筋肉が固まるまでテーピングをして絶対安静」

この重要な連絡が病院側のミスで吉田さんに伝わっていませんでした。それどころか腰を固定するテーピングすらされていなかったのでした。

術後の過ごし方を聞かされていなかった吉田さん。腰の痛みも和らいだため、ベッドから起きようと腰をひねったその瞬間。

ブチブチブチッ！　ベリベリベリッ！

病院中に響きわたるような音。背中の骨と筋肉とが離れる瞬間でした。

「もう二度と歩けないかもしれません」

悲痛な報告。悪魔の連絡。死と同じ宣告。

「料理人吉田」にとって車イスでの生活は、料理の世界からの退場を意味します。中学を卒業して以来、すべての情熱を傾け、毎日朝から晩まで厳しい修業を積んできた吉田さん。調理師の世界で日本一になることを夢見ていたから耐えられた修業。

しかし、いつまでも下を向いているワケにはいきません。

若い奥さんに小さな子供。車イスでも働ける環境の整った仕事を見つけなければなりませんでした。コック帽と同じ白いシーツを見つめながら、白い答案用紙を思い出しました。

「よし、公務員になろう！」

単純ですが、公務員なら車イスの自分でも受け入れてくれる。当時の吉田さんにとっては、その道しか思いつきませんでした。

しかし問題がありました。中学しか卒業していないため公務員試験を受ける資格すらなかったのです。吉田さんはその後、公務員試験を受ける要件を満たす大学入学資格検定（大検）という制度を見つけます。「これしか道はない」と決意。大検と公務員試験を同時受験する勉強を開始しました。吉田さんの第2のステージが始まったのです。

まさに勉強の日々。もう勉強しか残されていません。食事とリハビリ以外は勉強漬け。中学時代の知識しかない吉田さんにとっては血のにじむ思いでした。

大検の試験と公務員試験は、合格発表日が偶然にも同じ3月31日。どちらに落ちても公務員になれない状況で、吉田さんは見事にダブル合格しました。

絶望のどん底で喘ぎ苦しんでいた生活。何かをやっていないと気が狂いそうな焦燥感。大嫌いだった勉強が、そんな吉田さんの心を救ってくれたのです。勉強だけは自分を裏切りませんでした。勉強だけが人生を逆転させる手段だったのです。

その後、驚異的な回復力で歩けるようになった吉田さん。

中学を卒業して以来、朝から晩まで仕事をして、病院でも朝から晩まで勉強していた吉田さんにとって、公務員生活は時間に余裕がありすぎました。

もともとあった企業家精神と、勉強によって得た自信。吉田さんは空いた時間で建設会社を立ち上げます。バブルに乗って急成長を遂げた会社は大成功。その利益を使ってカンボジアに日本の絵本を贈るボランティア活動を始めました。それも、ただ日本の絵本を贈るのではなく、カンボジア語に訳して贈りました。

大嫌いだった勉強が自分を救ってくれた。その勉強の重要性を、勉強する環境がないカンボジアの子供たちにも伝えたかったのです。最終的には利益以上のお金、つまり私財まで投じてボランティア活動に力を入れるようになりました。しばらく公務員と建設会社の二足のわらじを履いていましたが、公務員は兼業が禁止されていたため退職しました。

その後、吉田さんは次々と事業に成功し、現在5つの会社を経営されています。中学しか卒業していなかったにもかかわらず、公務員試験に受かり、「できないことはない」とすべてを前向きに捉えられるようになったことで、壮絶な挫折と喪失感を乗り越え、人生を逆転させていきました。

それを可能にしたのは、まさに勉強だったのです。

おわりに

「生きてりゃいいじゃん」

唐突にこんなことを言われてもあなたは戸惑うでしょう。

不快に思うかもしれません。

「先行き不安なんだけど！」

「経済的に大変なんだけど！」

「会社が潰れそうなんだけど！」

それは確かに大変なことで苦しいことです。

私も本来はネガティブな人間なので「ああ、こうしておけばよかった」と、ことあるごとに何度も後悔しています。後悔がつきまとうのが人生だとも思います。

しかし最終的には、もし違う道を歩んでいたら事故でこの世にいなかったかもしれないと自分を納得させています。

今、自分の脳で考えることができているということは、生きている証拠です。やり直しがきくのです。

そうなのです。

生きていればやり直しがきく。

人生はいつからでもやり直せる。


ただし、これ以上後悔しないために今始めるのです。

1日30分の勉強をして人生逆転。

勉強はあなたの人生を逆転させる唯一の手段なのです。


悲しいかな、本は一度読んだだけでは大部分を忘れてしまいます。

あなたも、この本を**最低3回**は読むでしょうが、忘れてしまうかもしれません。

でも**「1日30分勉強すること」**と**「勉強の神7〈セブン〉」**だけは覚えておいて下さい。それさえ覚えておけば、この本の80%は把握したようなものです。

そして勉強を始める前に、深呼吸をしたあと、目をつぶって以下のことを想像してみて下さい。「神7」があなたの脳に登場してきます。

さぁ「なでしこジャパン」の入場です。

みんな**良い仲間**で優勝目指して頑張っています。

まずは澤穂希。

その横には「ジャック・バウアー」。

時間内にゴールを決めようと張り切っています。

その横には「あしたのジョー」。

脚、頭、腹……あらゆる手段を駆使して**全身全霊で燃え尽きるまで**戦おうとしています。

後方には「木村カエラ」。

一人だけ、敵の**目に飛び込む原色**のユニフォームで登場です。

そして「サル」。

前回のオウンゴールで**反省**しています。今回は得点をして**ご褒美**をもらうべく張り切っています。

そして、キーパーは帰化したばかりの「オバマ」です。

日本を**変える**ためにアメリカからやって来ました。
前回負けた悔しさをバネに「**復習する**は我にあり」とみんな張り切っています。

目をつぶって、なでしこたちが登場してくるのを想像してみる。

澤穂希、ジャック・バウアー、あしたのジョー……。

良い仲間。期限を決める。ガムシャラ……**勉強における効率的な方法に名前をつけたのは、記憶に定着させてもらうためです。名前をつけることで愛着もわき、物語にすることで想像もでき、記憶から引き出せるのです。**

忘れてしまいそうな効率的な勉強の方法。勉強する前のわずか30秒間、深呼吸をしたあとに思い出して下さい。せっかく作り出した30分間を無駄なく過ごして人生を逆転させて下さい。

最後に——。

この本を出版するにあたりお世話になった方々にこの場を借りて感謝致します。

まずは、執筆中に他界した父。生きている間に出版するのが目標だったけれど、間に合わなくてゴメン。田舎の病院に見舞いに行ったとき、「出版することが決まったよ」と言えばよかったかな。あの日で、生きて会えるのが最後になると分かっていたのにね。それでも、最後だと確定するのが嫌で言い出せなかったよ。全然性格が似ていない親子だったけど、お父さんの得意だったスピーチと文章力は受け継げたのかと今なら思えます。

幼くして他界したひろと兄さん。私のほうがもう随分年上になったけれど、目を閉じて現れる兄さんは、いつも私より年上だよね。お父さんと遊ぶことなくこの世を去った兄。私の書いた本の中でお父さんと単語帳を作って遊んでもらえてよかったよ。

そして、いつも支えてくれている母。あんなときも、こんなときも、留年したときも、いろいろ悲しませたけれど、書籍を世に送り出せたことで、少しは親孝行できたかな。

出版コンサルタントの松尾昭仁先生、天田幸宏さん。私の強みを引き出して頂き、ありがとうございます。お二人がいなければ出版はありえませんでした。

株式会社阪急コミュニケーションズの森田優介さん。私を選んでくれてありがとうございます。実は、初めて森田さんに会ったときに、直感で、お世話になると確信していました。

友人である星野絢子さん、石原恵理さん。2人が原稿チェックや情報収集をしてくれたおかげで、執筆に集中することができました。本当にありがとう。

そして、真理、天聖、凜。いつも温かく見守ってくれてありがとう。

3人が家族でいるおかげで人生を楽しく過ごせています。

最後にこの本を読んで下さったあなた。

あなたの人生逆転の手助けができたなら本当に嬉しいです。

著者

石川和男（いしかわ・かずお）

1968年、北海道生まれ。埼玉県在住。税理士、専門学校（大原簿記学校）講師、建設会社総務経理担当部長。

全員合格の高校、名前さえ書けば受かる夜間大学（しかも留年）を卒業し、バブル期に建設会社に入社。経理部に配属されるが、簿記の知識ゼロで上司に叱られる毎日を過ごす。20代では意志の弱さから毎晩飲み歩くが、30代になって、将来への不安を打ち消すために1日30分の勉強を始める。

途中、2年間の無職生活を経験するも、日商簿記3級から日商簿記2級、宅地建物取引主任者（宅建）、建設業経理事務士1級、そして税理士と、数多くの資格試験に合格。収入のない生活から休みのない生活へ、見事に自らの人生を逆転させる。

大原簿記学校では、「偏差値30の気持ちがわかる」人気講師として活躍。3つの仕事を掛け持ちし、さらには勉強法についてのセミナー講師としても全国を飛び回る多忙な生活の中、今も楽しみながら1日30分の勉強を続けている。

30代《だい》で人生《じんせい》を逆転《ぎゃくてん》させる1日《にち》30分《ぷん》勉強法《べんきょうほう》

2012年8月11日　初版発行

著者　石川和男
発行者　五百井健至
発行所　株式会社阪急コミュニケーションズ
〒153-8541
東京都目黒区目黒1丁目24番12号
電話　03-5436-5721（販売）
03-5436-5735（編集）
振替　00110-4-131334

印刷・製本　図書印刷株式会社

Printed in Japan
ISBN978-4-484-12221-2